农产品营销与品牌建设

◎ 刘玉军 郭艳红 罗传贵 主编

中国农业科学技术出版社

图书在版编目(CIP)数据

农产品营销与品牌建设／刘玉军，郭艳红，罗传贵主编． --北京：中国农业科学技术出版社，2023.3
（2024.12重印）

ISBN 978-7-5116-6211-8

Ⅰ.①农… Ⅱ.①刘… ②郭… ③罗… Ⅲ.①农产品-市场营销学②农产品-品牌战略 Ⅳ.①F762 ②F304.3

中国国家版本馆 CIP 数据核字（2023）第 031103 号

责任编辑	张志花
责任校对	马广洋
责任印制	姜义伟 王思文

出 版 者	中国农业科学技术出版社	
	北京市中关村南大街 12 号	邮编：100081
电 话	（010）82106636（编辑室）	（010）82109702（发行部）
	（010）82109709（读者服务部）	
网 址	https://castp.caas.cn	
经 销 者	各地新华书店	
印 刷 者	北京中科印刷有限公司	
开 本	140 mm×203 mm 1/32	
印 张	5.375	
字 数	135 千字	
版 次	2023 年 3 月第 1 版 2024 年 12 月第 2 次印刷	
定 价	35.00 元	

版权所有·翻印必究

《农产品营销与品牌建设》编委会

主　编：刘玉军　郭艳红　罗传贵
副主编：魏　红　邵晓锋　韦明明　梁可彰
　　　　王仲贵　魏雪松　李　敏　贺红梅
　　　　李　嫣　李春梅

前　　言

农产品营销是一个复杂的体系，包括市场调查、市场细分、目标市场选择、市场定位、产品开发、定价、促销、分销渠道建设和售后服务等一系列经营活动。农产品营销的关键点和难点在于品牌化建设。当前，我国农业已经全面进入全球经济竞争格局，农业品牌的创建，不仅能提升农业行业整体形象，而且能增强农产品的市场竞争力，实现农业增效、农民增收，甚至推动一个地区的发展。

本书为适应农产品营销与品牌建设培训，结合当前农产品营销形势，全面而详细地介绍了农产品营销与品牌建设的基本理论、知识和技能。本书共八章，分别为农产品市场调查、农产品市场细分与定位、农产品营销策略、农产品营销新模式、农产品品牌创建概述、农产品品牌策略及实施、农产品品牌规划与创立、农产品品牌培育与扩张。

由于作者水平有限，编写时间仓促，书中可能还有不足之处，欢迎广大读者批评指正，在此深表谢意！

编　者
2022 年 12 月

目　　录

第一章　农产品市场调查 ………………………………………（1）
　第一节　农产品市场调查的概念和内容 ………………………（1）
　第二节　农产品市场调查的方法 ………………………………（3）
　第三节　农产品市场调查的实施 ………………………………（10）

第二章　农产品市场细分与定位 ………………………………（20）
　第一节　农产品市场细分 ………………………………………（20）
　第二节　目标市场选择 …………………………………………（27）
　第三节　目标市场定位 …………………………………………（33）

第三章　农产品营销策略 ………………………………………（38）
　第一节　产品策略 ………………………………………………（38）
　第二节　价格策略 ………………………………………………（45）
　第三节　渠道策略 ………………………………………………（50）
　第四节　促销策略 ………………………………………………（56）

第四章　农产品营销新模式 ……………………………………（67）
　第一节　直播营销 ………………………………………………（67）
　第二节　短视频营销 ……………………………………………（74）
　第三节　社群营销 ………………………………………………（82）

第五章　农产品品牌创建概述 …………………………………（92）
　第一节　认识农产品品牌 ………………………………………（92）
　第二节　农产品品牌建设存在的问题及对策 …………………（99）
　第三节　农产品品牌创建的途径 ………………………………（103）

第六章 农产品品牌策略及实施……………………（108）
　第一节　农产品品牌策略……………………………（108）
　第二节　农产品品牌策略的实施……………………（113）
第七章 农产品品牌规划与创立……………………（117）
　第一节　农产品品牌规划……………………………（117）
　第二节　农产品品牌创立阶段………………………（122）
　第三节　农产品区域品牌建设………………………（135）
第八章 农产品品牌培育与扩张……………………（140）
　第一节　农产品品牌培育……………………………（140）
　第二节　农产品品牌扩张……………………………（152）
参考文献………………………………………………（164）

第一章 农产品市场调查

第一节 农产品市场调查的概念和内容

一、农产品市场调查的概念

农产品市场调查即根据农产品生产经营者市场调查的目的和需要,运用一定的科学方法,有组织、有计划地收集、整理、传递和利用市场有关信息的过程。其目的在于通过了解市场供求发展变化的历史和现状,为管理者和经营者制定政策、进行预测、做出经营决策、制订计划提供重要依据。

二、农产品市场调查的内容

农产品市场调查的内容十分广泛,具体根据调查和预测的目的以及经营决策的需要而定,最基本的内容有以下 5 个方面。

(一) 市场环境调查

政治方面,主要有政府有关经济政策,如农业发展方针及价格、税收、财政等方面的政策;经济方面,主要有农业生产水平、科技水平、自然资源状况、人口及其构成、居民收入及其消费结构、市场价格水平等;社会文化方面,主要有居民文化教育程度及其职业构成、民族分布特点及其宗教信仰、生活习惯等;自然环境方面,主要有地理位置、气候、交通运输等状况;竞争环境方面，主要有同行业生产能力、生产方式、成本价格、产品特征及市场占有率等情况。

(二) 消费者需求情况调查

调查一定时期一定范围内人口变化，居民生活水平的变化，购买力投向，购买者爱好、习惯、需求构成的变化，对各类农产品在数量、质量、品种、规格、价格等方面的要求及其发展趋势，调查配套商品、连带性商品及其他商品之间存在的需求比例关系及函数关系，了解社会集团购买力的需要。

(三) 生产者供给情况调查

调查社会生产、商品资料及其构成情况，包括生产规模、生产结构、技术水平、生产力布局、生产成本、自然条件和自然资源等生产条件的现状与未来规划。同时，要特别重视农业生产情况的调查，农业生产状况如何将直接影响农产品市场状况。许多农副产品既是城乡人民生活资料，又是工业部门的生产资料，搞好这方面的调查，对于全面安排好城乡市场具有重要作用。

(四) 销售渠道通畅情况调查

了解农产品销售渠道的过去和现状，包括农产品流通的各个环节、推销人员的基本情况、销售渠道的利用情况及其存在的问题等。

(五) 市场行情调查

具体调查各种农产品在市场上的供求情况、存货状况和市场竞争状况。要调查有关地区、有关企业、有关商品之间的差别和具体供求关系，如有关地区、企业同类商品的生产、经营、成本、价格、利润、资金周转等重要经济指标及其流转、销售情况和发展趋势等。

第二节 农产品市场调查的方法

一、问卷调查

问卷调查是市场营销调查中较常用且有效的方法,是用于收集第一手资料的最普遍的工具。通过问卷调查可以使经营者根据调查结果了解市场需求、消费者倾向等,从而做出相应决策,促进经营者的发展。

调查问卷的设计是市场调查的一项基础性工作,需要认真仔细地设计、测试和调整,其设计是否科学直接影响到市场调查的成功与否。

(一) 调查问卷设计的主要原则

1. 主题明确

根据调查目的,确定主题,问题目的明确,突出重点。

2. 结构合理

问题的排序应有一定的逻辑顺序,符合被调查者的思维程序。

3. 通俗易懂

调查问卷要避免歧义,使被调查者一目了然,愿意如实回答。调查问卷中语言要平实,语气诚恳,避免使用专业术语。对于敏感问题应采取一定技巧,使问卷具有较强的可答性和合理性。

4. 长度适宜

问卷中所提出的问题不宜过多、过细、过繁,言简意赅,回答问卷时间不应太长,一份问卷回答的时间一般不超过30分钟。

5. 适于统计

设计时要考虑问卷回收后的数据汇总处理,便于进行数据统计处理。

(二) 设计调查问卷的程序步骤

设计调查问卷要求思路清晰,附加设计技巧以及耐心。设计调查问卷的过程应当遵循一个符合逻辑的顺序。基本步骤如下。

① 深刻理解调查计划的主题。

② 确定调查表的具体内容和所需资料。

③ 逐一列出各种资料的来源。

④ 写出问题,要注意一个问题只能包含一项内容。

⑤ 决定提问的方式,哪些用多项选择法;哪些用自由回答法;哪些需要作解释和说明。

⑥ 将自己放在被调查者的地位,考察这些问题能否得到确切资料,哪些能使被调查者方便回答,哪些难以回答。

⑦ 按照逻辑思维,排列提问次序。

⑧ 每个问题都要考虑怎样对调查结果进行恰当的分类。

⑨ 审查提出的各个问题,消除含义不清、倾向性语言和其他疑点。

⑩ 以少数人应答为实例,对问卷进行小规模的测试。

⑪ 审查测试结果,对不足之处予以改进。

⑫ 打印调查问卷。

(三) 调查问卷的组成

正式调查问卷一般由3部分组成。

1. 前言

主要说明调查主题、调查目的、调查的意义等。最好强调调查者与被调查者的利害关系,以取得消费者的信任和支持。

2. 正文

问卷的主体部分。依照调查主题,设计若干问题要求被调查者回答。这是问卷的核心部分,一般要在有经验的专家指导下完成设计。

3. 附录

可以把有关调查者的个人档案列入，也可以对某些问题附带着说明，还可以再次向被调查者致意。附录可随各调查主题不同而增加内容。结构要合理，正文应占整个问卷的 2/3~4/5，前言和附录只占很少部分。

（四）失败调查问卷存在的问题

一份调查问卷需要对每一个问题进行分析、测试和调整，以便确定它的设计是否合理，是否能取得真实可靠的第一手资料，被调查者是否易于回答等。

失败调查问卷的案例与启示。例如，某经营者设计了一份调查问卷，请被调查者回答以下问题。

① 如以百元为单位，您的收入是多少？

人们一般不愿意透露自己的收入，何况未必知道以百元为单位的收入。

② 您是偶然地还是经常性地购买高端农产品？

对偶然与经常进行判断的标准是什么呢？

③ 您喜欢我们的产品吗？

这个问题的目的何在，在是或否的回答中能了解什么呢？对于没有购买过自己产品的顾客又如何回答呢？

④ 今年四月里您在电视上看到几次我们产品的广告？

谁会记得呢？

⑤ 您认为在评价产品生产商时，最显著的、决定性的属性是什么？

什么是最显著的、决定性的属性？太笼统，使得被调查者无从回答。

（五）问卷的提问方法与技巧

一份调查问卷要想成功取得目标资料，除了在前期做好大量的准备工作外，在具体设计问题时，一般有两种提问方式：封闭式提问和开放式提问。提问方式从一定程度上决定了调查问卷质量的高低。

1. 封闭式提问

封闭式提问指被调查者在包括所有可能的回答中选择某些答案。这种提问方式便于统计，但答案伸缩性较小，较常用于描述性、因果性调查。下面列出调查问卷中最常用到的一些封闭式问题的形式。

（1）两项选择题　一个问题提出两个答案供选择。

例如：你购买农产品最注重牌子吗？

A. 是；B. 否

（2）多项选择题　一个问题提出3个或更多的答案供选择。

例如：你购买某产品的最主要原因是：

A. 名牌产品；B. 广告吸引；C. 同事推荐；D. 价格适中；E. 售后服务好；F. 其他

（3）李克特量表　被调查者可以在同意与不同意之间选择。

例如：你如何看待"外国牛奶比国产牛奶质量好"的说法？

A. 很赞成；B. 同意；C. 不同意也不反对；D. 不同意；E. 坚决不同意

（4）重要性量表　对某些属性从"非常重要"到"根本不重要"进行分等。

例如：经营者的服务对于消费者是：

A. 非常重要；B. 很重要；C. 重要；D. 无所谓；E. 不重要；F. 根本不重要

（5）分等量表　对某些属性从"极差"到"极好"进行分等。

例如：永辉超市的服务是：

A. 极好；B. 很好；C. 好；D. 尚可；E. 差；F. 极差

（6）**语意差别法**　在两个意义相反的词之间列上一些标度，被调查者选择他（她）愿意方向和程度的某一点。

例如：您对本商店的看法是什么？

要求被调查者回答一些有关事实的问题。

例如：通常你每星期去几次服装商店？

以上这些形式都是问卷调查中经常用到的，可灵活使用。

2. 开放式提问

开放式提问允许被调查人用自己的话来回答问题。这种提问方式由于被调查者不受限制，因此可透露出许多新的信息，供调查者参考。开放式提问运用于探测性调查阶段，了解人们的想法与需求。一般来说，开放式提问因其不易统计和分析，所以在一份调查问卷中只能占小部分；对于开放式提问的选择要谨慎，所提的问题要进行预试，再广泛采用。下面列出开放式提问的一些形式。

（1）**自由式**　被调查者可以用几乎不受限制的方法回答问题。

例如：您对本商店的服务有何意见和建议？

（2）**词汇联想法**　列出一些词汇，每项由被调查者提出他头脑中涌现的几个词。

例如：当您听到下列字眼时，您脑海中涌现的第一个词是什么？

恒源祥——纯羊毛、老字号、做工好……

海尔——质量好、信誉高、售后服务好……

（3）**语句完成法**　提出一些不完整的语句，每次一个，由被调查者完成该语句。

例如：当我运动后，我想喝——。

（4）故事完成法　提出一个未完成的故事，由被调查者来完成它。

例如：在饭店吃饭时，端上来的菜与你点的菜有区别时，你会……

请完成这个故事。

（5）主题联想测试　提出一幅图画或照片，要求被调查者根据自己的理解虚构一个故事。

例如：图上画着很多妇女的手推车中都放着同一种产品，她们围在一起谈论着什么。

要求被调查者编一段 100 字左右的故事。

以上是问卷调查中进行开放式提问的几种形式，在具体设计时根据实际情况灵活、适当地应用，可起到较好的作用。

二、案头调查

市场营销调查，不论它的内容如何，按信息来源不同，可分为案头调查与实地调查两种形式。案头调查：对已经存在并已为某种目的而收集起来的信息进行的调查活动，据以判断他们的问题是否已局部或全部解决，即使进行实地调查，也需要案头调查提供参考资料。

当一个市场的资料有限而且已有可靠的文字资料时，案头调查往往是比较有效的调查方法。但是当需要更深入地了解一个市场情况时，实地调查是必不可少的。因此，案头调查往往是实地调查的基础和前奏，案头调查的任务：为实地调查提供背景材料，为确定调查市场提供资料，可用于市场趋势分析和对总体参数的估算，可为经营者的内部改革提供依据。显然，案头调查在市场营销调查中占相当的比重。开展案头调查最主要的是获取第二手资料。

三、实地调查

在一些情况下，案头调查无法满足调查目的，收集资料不够及时准确时，就需要适时地进行实地调查来解决问题，取得第一手资料和情报，使调查工作有效顺利地开展。所谓实地调查，就是指对第一手资料的调查活动。

一手信息的搜集方法，指在详细的设计和组织下，按照调查方案直接向被调查者搜集原始资料的调查方法。该方法具有针对性、实用性和真实性，而且由于信息来源可知、搜集方法可控、调查方法可选，所以信息资料更具可靠性、准确性和适应性。

一手信息的搜集方法主要有观察法、调查法、试验法等。

调查方法的选择依据

以上所述的调查方法是市场调查中常用的，每种方法各有所长，具体调查过程中，究竟采用哪一种方法，应根据调查目的、要求和调查对象的特点来相应选择。一般应考虑如下一些因素。

（1）调查项目的伸缩性　调查内容只要求一般回答的，宜采用邮寄、网上调查；需要灵活改变题目、深入探求的内容则以面谈访问或电话访问为好；如调查项目要求取得较为真实可靠的数据，则以直接观察和市场试验为好。

（2）需要调查资料的范围　资料范围广泛，可采用邮寄、网上调查；调查项目资料简单的可用电话访问。

（3）调查表及问卷的复杂程度　较复杂和要求较高的，宜采用面谈、市场试验等调查方法；一般的和较简单的则可采用邮寄、网上调查。

（4）掌握资料的时效性　需要调查的项目亟须收集到一定的信息以利迅速决策时，宜采用电话访问或面谈访问；时效性要求不太高、不是很紧迫的可采用其他几种方法。

（5）调查成本的大小　根据调查项目的规模、需要和目的，调查者的人力、物力、财力，在保证调查质量的前提下，精打细算，统筹安排调查方法，以求事半功倍。

在实际工作中，选择一种或多种调查方法，可大致考虑以上一些因素，但现实情况是千变万化的，要灵活进行选择，如选择一种方法为主，辅以其他方法，或是几种方法并用的形式等。

第三节　农产品市场调查的实施

一、调查方案的确定

（一）调查方案的概念

调查方案就是根据调查研究的目的和调查对象的性质，在进行相关项目实际调查之前，对调查工作总任务的各个环节和内容进行合理安排，提出相应的调查事实方案，制订合理的工作进程表。

（二）调查方案的内容

1. 调查目的

调查目的就是要明确在调查中要解决哪些问题，通过调查要取得哪些资料及其用途等。明确调查目的是调查方案设计的首要工作。只有调查目的明确，才能确定调查的范围、内容和方法，否则，不是列入一些无关紧要的调查项目，就是漏掉了重要的调查项目，达不到预期目标。

2. 调查对象

调查对象就是根据调查目的、任务，确定调查的范围及所要调查的抽样个体。

3. 调查项目

调查项目是指对抽样调查的个体进行调查的主要内容，调查项目就是要明确向被调查者要了解的具体问题。

在确定调查项目时,除了要考虑调查目的和调查对象的特点外,还必须考虑:确定的调查项目是调查任务所需,并能够取得答案。调查项目的表达必须准确,要使答案具有确定的表示形式。调查项目的含义要明确,不能模棱两可,否则会造成被调查者无法准确理解调查项目而无法完成调查。

4. 调查方式

依据调查目的和任务选择合理的调查方式。调查方式也可以采用多种方式组合使用。此外,调查方式还受调查经费、时间、人力及其他因素的影响。

5. 设计调查问卷

确定调查项目后,必须将调查项目科学合理地分类和排序,方便调查实施和汇总调查结果。

调查问卷一般由表头、表体、表脚3部分组成。表头包括调查问卷的名称、调查单位的名称、性质等,其目的是核实单位情况。表体是调查问卷的主要部分,包括调查项目、栏号、计量单位等。表脚包括调查者和填报人的签名和调查日期等,其目的是方便核对,查找问题,明确责任等。此外,调查问卷设计好后,为了便于填报,需要统一规格,一般还要附填表说明。填表说明还包括问卷中各个项目的解释、相关的计算方法、填报注意事项等。

6. 调查地点

根据调查目的和任务,划定调查区域和调查位置。

7. 调查时间及期限

调查时间是指调查资料收集的具体日期及时间。如果调查的是时点现象,就要明确规定统一的标准调查时点。

调查期限是规定调查工作的开始时间和结束时间。包括从调查方案设计到提交调查报告的整个调查时间。调查期限往往会规划各个阶段的时点节点。

8. 调查资料的整理及分析

采用调查方法收集的资料大多是反映事物的表象，要揭示事物的本质、内涵和规律，就要运用科学的分析方法，对原始资料进行统计和分析。在设计问卷时要考虑计划采用的具体资料整理统计及分析方法。

9. 调查报告的形式及要求

统计的数据并不能直接应用，还要进行科学的、深入的研究，才能将事物的表象变为直观的、明确的、直接的信息，成为决策者进行决策的客观依据。

10. 调查经费预算

市场调查需要相关经费的支持。调查经费预算主要包括：调查方案设计费，调查问卷设计费及问卷打印、复印、装订费，调查员培训费，问卷的调查费（交通费、被调查者的误工费、通信费等）、数据录入费、统计分析费，撰写报告费等。因此，调查是一项费用很高的工作，虽然调查费用很高，但是比起盲目上项目的费用要低很多。

二、设计调查问卷

(一) 调查问卷的概念

调查问卷又称调查表，是指调查者根据调查目的和要求设计出的由一系列问题、备选答案及说明等组成的向被调查者搜集资料的一种工具。调查问卷设计得好坏，直接关系到所搜集资料的可靠程度和完整程度，是市场调查成果的基础。

(二) 调查问卷的结构

1. 问卷标题

问卷标题概括说明调查研究的主题，使被调查者对所要回答问题有基本了解。问卷标题要简明扼要，易于引起被调查者的兴趣。

2. 问卷说明

问卷说明旨在向被调查者说明调查的目的、意义，消除被调查者的顾虑，认真完成调查任务。问卷说明一般放在问卷的开头。有时，问卷说明还有填报须知、完成时间、地点及其他事项说明等。

3. 被调查者的基本情况

被调查者的基本情况主要指被调查者的主要特征，如性别、年龄、家庭人口、文化程度、职业、所在地区等。

4. 调查主体内容

调查主体内容是调查者所要了解的基本内容，也是调查问卷的核心部分。这部分设计得好坏直接关系到调查的价值和成败。

(三) 调查问卷的设计原则

1. 目的性原则

问卷调查是通过向被调查者询问问题来进行研究，所以，询问的问题必须要与调查的主题密切相关。因此，设计问卷时，必须重点突出，避免可有可无的问题。

2. 可接受性原则

调查问卷的设计要比较容易让被调查者接受，在问卷说明中，将调查目的明确告知对方，让其知道调查对其是有益而无害。

3. 顺序性原则

设计调查问卷要讲究问卷问题的排列顺序，使问卷条理清晰、顺理成章，以提高问卷收集数据的可靠性。一般容易回答的问题、封闭性的问题放在前面，难以回答的问题、开放性的问题放在后面。

4. 简明性原则

调查问卷的内容要简明易答,问卷的形式要简单,调查的时间要简短。

(四) 问卷设计的程序

1. 准备

准备是根据调查目的确定收集相关资料的具体内容,如调查方式、调查规模、调查区域、调查对象等。

2. 设计初稿

准备完成后,要设计问卷初稿,将相关调查项目安排在问卷中。要设计完成每个调查项目需要采取的表达方式、排列顺序、排版方式以及数据统计方式等。

3. 试调查

完成问卷设计后,需要进行小范围的试调查。通过实际调查,及时发现问卷中的问题和不足,认真修改错误和不足,补充遗漏问题,使问卷尽可能完善合理。

根据调查目的的重要性,可多次试调查,进行修改、完善,直到满意为止。

(五) 问卷设计的注意事项

① 避免引用不确切的词语。
② 避免引导性的提问。
③ 避免提断定性的问题。
④ 避免提出令被调查者难堪的问题。
⑤ 避免问题与答案不一致的问题。
⑥ 避免过于笼统的问题。
⑦ 避免似是而非的问题。

三、数据处理

在进行案头调查和实地调查后,调查人员一般已经收集了大量资料。但是，所有这些原始材料不会向调查人员提供清晰的市场面貌，它们是分散、零星的，不会直接显示出所需要的现成答案。为了反映事物的本质，必须把这些原始资料进行整理分析和处理，使之系统化、合理化。市场资料整理分析就是把各种调查所得的数据资料归纳为反映总体特征的数据的过程。

（一）市场数据整理过程

数据的整理分析一般包括以下5个程序。

1. 分类

分类是指把资料分开或合并在有意义的类目中，它是数据资料整理的基础，也是保证资料科学性的重要条件。分类的方法有两种：一种是事先分类，即在问卷设计时已将调查问题预先进行了分类编号，资料收集后只要按预先的分类进行整理即可；另一种是事后分类，市场调查中有些问题事先无法分类，如购买动机、非结构性问题的询问等，只能在事后分类。资料分类编组一般有按照数量分组、按照时序分组、按照地区分组、按照质量分组4种类型。

2. 编校

资料的编校工作包括检查、改错，对资料进行鉴别与筛选。编校时要求按照易读性、一致性、准确性和完整性这4个标准来进行工作，特别应重视完整性，即市场调查问卷的所有问题都应有答案。如果发现没有答案的问题，可能是被调查者不能回答或不愿回答，也可能是调查人员遗忘所致，编校工作者应决定是否再向原来的被调查者询问，以填补空白问题，或者询问调查人员有无遗漏，能否追忆被调查者所做的答复，不然就应剔除这些遗漏了的资料，以免影响资料的完整性和准确性。

3. 整理

数据资料整理的方法有手工、机械和计算机3种，一般以手工方法为主。

手工方法。优点是方法简单，不需要其他机器设备；工作人员只需要接受手工整理的训练；发现错误可随时纠正，成本较低。缺点是遇到大量复杂的数据，整理时间太长。

机械方法。这是用机械在卡片上打孔的方法。调查表上每一类资料都要根据一定的标准，在规定的部位打孔，经过检查后，运用分类机自动将同一部位的卡片分组，并自动在记录器上计算出张数。这种方法的效率比手工方法高而且可以保证资料整理的准确性。

计算机方法。计算机处理数据是计算机技术的新发展，由于其计算速度快、准确性高，对量大、复杂的数据处理工作特别有效。数据在计算机中进行处理就要将答案变换成代码，代码通常用数字来表示，也可用字母表示。

4. 制表

为了对资料进行分析和对比，必须将编校过的资料根据调查目的和重要程度进行统计分类，列成表格或制图。市场调查资料的列表方式可分为单栏表或多栏表两种。在单栏表里只有一项市场调查资料，如果研究人员只需了解某一种特性的调查结果，则可采用单栏方式；如果想在一张统计表中表示两种或两种以上的特性，则应采用多栏表统计。

5. 鉴定

从总体中抽取样本来推算总体的调查必然带有误差。除了抽样误差外，在实际工作中，由于技术或工作的错误也会造成偏差，这种误差称为系统误差，一般应尽量避免。为了证实所抽取的样本是否能代表总体，需要采取一些方法进行鉴定。一种是凭经验鉴定误差，例如，把所得的样本数据与其他标准数据相比较，以验证其代表性。另一种是用适当的公式计算标准误差和置信度，如果计算结果在误差范围之内，则可认为数据是可靠的。

(二) 市场数据调整

在收集到的数据中，由于非正常因素的影响，往往会导致某些数据突然偏离正常规律忽高忽低。对这些由于偶然因素造成的、不能说明正常规律的数据，应当适当地进行调整和技术处理。对市场数据进行调整的基本方法有以下3种。

1. 剔除法

就是将那些不能反映正常趋势的数据直接剔除。如果对一些非常特殊的数据进行分析发现其有独特的外因影响，使用这个数据和其他数据一起输入预测模型，就会产生较大的偏差，而去掉这个数据，则有利于预测模型接近正常趋势就用剔除法。

2. 还原法

当采用剔除法减少数据点不利于分析时，还可采用还原法，把数据处理成排除非正常因素时应该表现出的数据。还原法可用算术平均法及几何平均法计算出两种还原值。这两种方法的选择视整个所得数据的趋势而定。如果数据的发展趋势呈线性，用算术平均法较好；发展趋势呈非线性的，用几何平均法合适。

3. 拉平法

拉平法主要用来处理商业经营者调整或扩大经营范围，生产能力扩大或调整生产品种后的数列。从数列中可以看出，某个时间点有一个跳跃，这个跳跃是因为经营者根据市场需求的发展，经投资扩建，形成了新的生产能力。如按原数列输入预测模型，会造成偏上的误差，如剔除形成新的生产能力以前的数据，那剩下的数据就过少。这时可采用拉平法，形成新的生产能力以前的数据加上新增的生产能力，前后的生产能力"拉平"了。

在实际操作中视所收集到的数据进行灵活综合地运用以上提到的数据调整方法，使调查能够取得一个比较准确可信的结果。

四、调查报告的撰写

市场调查的最后一个步骤就是撰写一份高质量的研究报告，也就是以报告形式表达市场调查所获得的资料和结果，供委托者或经营者管理层作为营销决策的参考。

调查报告是研究工作的最终成果，也是制订市场营销决策的重要依据，市场营销调查报告的提出和报告的内容、质量，决定了它对经营者管理层据此决策行事的有效程度。一份写得拙劣的报告会把出色的调查活动弄得黯然失色。

(一) 调查报告的种类

根据读者的不同需要，调查报告可分为专题报告和一般性报告。这两种报告分别适合不同兴趣和不同背景的读者，前者是供专门人员进行深入研究，后者供经营者的行政领导或公众参考。

1. 专题报告

专题报告又称技术性报告，在撰写时应该注意尽可能详细，凡在原始资料中所发现的事实都要列入，以便其他专门人员参考。这种详细的专业形式的报告使读者能够清晰了解调查报告的适合程度以及准确程度。因此，一项专业形式的专题报告应该详述每一个研究步骤以及使用"标准差"这样的专业词汇。

2. 一般性报告

一般性报告又称通俗报告，广泛适合那些只关心研究结果而无兴趣于研究技术的读者。因阅读者人数众多，水平参差不齐，故力求条理清晰，并避免过多引用术语。为了提高阅读人的兴趣，报告要注重吸引力。

(二) 调查报告的结构

调查报告的结构一般包括：标题封面、目录、摘要、前言、研究结果、结论和建议、附录7个部分。

1. 标题封面

写明调查题目、承办部门、承办人和日期。这部分让读者知道诸如调查报告题目、报告对象，此项报告由谁完成和完成日期。

2. 目录

应该列出报告的所有主要部分和细节部分，以及其所在页数，以便读者能尽快阅读所需内容。但如果研究报告少于6页，目录则可省去，只要提供明确的标题则可。

3. 摘要

以简明扼要的语言陈述研究结果，以便经营者的决策者或主管在繁忙的时间内迅速了解到调查的成果，应该采取什么样的措施或行动。因此，摘要是报告中最重要的部分。

4. 前言

这个部分包括调查背景、调查目的和所采用的调查方法。在调查方法里要说明样本设计和抽样方法等。

5. 研究结果

这部分是调查报告的核心内容。将研究结果有组织、有条理地整理和陈述，尽可能图文并茂地说明问题，便于读者阅读。

6. 结论和建议

研究者的作用不仅在于向读者提供调查事实，而且应该在事实的基础上做出结论并提供建议。

7. 附录

附录是调查报告的结尾部分，它起到以数据图表来表述调查报告的作用。有些与研究结果相关的数据图表由于没有地方放置，通常也被放在附录这一部分。另外，问卷实地调查概况也放在这里。

第二章 农产品市场细分与定位

第一节 农产品市场细分

一、农产品市场细分的内涵和意义

(一) 农产品市场细分的内涵

农产品市场细分就是根据农产品总体市场中不同购买者在需求特点、购买行为和购买习惯等方面的差异性,把农产品总体市场划分为若干个不同类型的购买者群体的过程。每个用户或消费者群就是一个细分市场,或称子市场。每一个细分市场都是由具有类似需求倾向的消费者构成的群体,分属于不同细分市场的消费者对同一农产品的需求与欲望存在明显的差异。

随着农产品的极大丰富及消费行为的多样化,消费者对农产品的需求、欲望、购买行为以及对农产品营销者的营销策略的反应等表现出很大的差异性,这种差异性使农产品市场细分成为可能。广大农户为了求得生存和发展,在竞争激烈的市场上站稳脚跟,就必须通过市场调研,根据消费者的需求与欲望、购买行为、购买习惯等方面的差异性,通过市场细分,发现市场机会。

(二) 农产品市场细分的意义

市场细分就是在寻找差异化。任何一种农产品都不可能满足所有消费者的需求。研究和分析消费者需求和欲望的差异性,并据此把一个农产品市场细分为几个甚至多个更加专业的市场，结合自身条件和优势，有针对性地选择一个或者多个适合自己的目标市场进行生产经营活动，这就是市场细分。

1. 有利于发现市场营销机会

市场机会是已经出现在市场但尚未加以满足的需求。运用市场细分手段，农户不仅可以找到对自己有利的目标市场，推出相应的产品，还可根据目标市场的变化情况，不断改进老产品，开发新产品，开拓新市场。北方一些农民把鸡蛋的蛋黄和蛋清分开卖，拆零拆出了大市场。爱吃蛋黄的消费者买蛋黄，爱吃蛋清的消费者买蛋清，各有所爱，各得其便。消费者得到了实惠，卖方也赚到了以前赚不到的钱。

2. 能有效地制订最优营销策略

市场细分是市场营销组合策略运用的前提，即农产品生产经营者要想实施市场营销组合策略，必须对市场进行细分，确定目标市场。因为任何一个优化的市场营销组合策略的制订，都是针对所要进入的目标市场。离开目标市场，制订市场营销策略就是无的放矢，这样的市场营销方案是不可行的，更谈不上优化。近几年我国苹果生产连年获得丰收，市场相对饱和，市场销售不畅，价格下跌，果农一筹莫展。然而在这种情况下，美国华盛顿州的苹果却在我国的北京、上海、广州等城市登陆，在强劲的宣传攻势下，占领了我国的苹果市场。分析其成功的原因，除了其对营销环境的充分了解、优化的市场营销组合战略、成熟的营销战略操作机构外，正确的市场细分和目标市场选择起了非常重要的作用。

3. 有利于农户扬长避短，发挥优势

每一个农户的经营能力对整体市场来说，都是极为有限的。所以，农户必须将整体市场细分，确定自己的目标市场，把自己

农产品营销与品牌建设

的优势集中到目标市场上。否则，农户就会丧失优势，从而在激烈的市场竞争中遭遇失败。

4. 有利于开发新产品，满足消费者多样化的需求

当众多的生产者奉行市场细分战略，那些尚未满足的消费需求就会逐一成为不同生产者一个又一个的市场机会，新产品层出不穷，市场上产品的种类、花色、品种增多，人们的生活质量也相应地得到提高。

二、农产品市场细分的步骤和方法

（一）农产品市场细分的步骤

1. 分析产品，确定营销目标

经营者要了解自己农产品的优势、劣势、产品特色及功能，这是细分的基础。

2. 分析顾客的各种需求

从现在需求、潜在需求出发，尽可能详细列出消费者的各种需求。

3. 划分顾客的类型

按需求不同，划分出各类消费者类型，分析他们需求的具体内容，然后按一定标准进行细分。

4. 选定目标市场

将产品特点、经营者经营能力同各细分市场特征进行比较，选出最能发挥经营者和产品优势的细分市场作为目标市场。

5. 分析细分市场

进一步认识各细分市场特点，预估各细分市场大小，考虑各细分市场有无必要再作细分，或重新合并。

（二）农产品市场细分的方法

农产品销售难是普遍现象，这在很大程度上是因许多农户、

第二章 农产品市场细分与定位

农产品加工企业并没有真正对市场细分所致。有的自认为"细分"了,实际上却分得很粗,如把蛋类分为鸡蛋、鸭蛋等大类别,把鸡肉加工分为烤鸡、炸鸡等不同加工方法的大类别等,结果导致生产经营趋同化,竞争更加激烈。而同样是细分,一只鸡能被内蒙古草原兴发集团开发出140余种深加工产品,仅鸡胸肉就有8个品种之多。

农产品市场细分的依据是消费者需求的多样性、差异性。消费者对农产品的需求与偏好主要受地理因素、人口因素、心理因素、购买行为因素等方面的影响。因此,这些因素都可以作为农产品市场细分的依据。

1. 地理细分

地理细分是按照消费者所处的地理位置、自然环境来细分市场,如根据国家、地区、城市规模、气候、人口密度、地形地貌等方面的差异将整体市场分为不同子市场。地理因素之所以作为市场细分的依据,是因为处在不同地理环境下的消费者对同一类产品往往有不同的需求与偏好,他们对企业采取的营销策略与措施会有不同的反应。如在我国南方沿海一些省份,某些海产品被视为上等佳肴,而北方省份的许多消费者则觉得味道平常。又如考虑到我国市场营销环境的差异性很大,华龙集团制订了区域产品策略,最大限度地分割当地市场,因地制宜,各个击破。其产品在河南有"六丁目",东北地区有"东三福",山东有"金华龙"等。

地理变量易于识别,是细分市场应考虑的重要因素,但处于同一地理位置的消费者需求仍会有很大差异。在我国一些大城市,如北京、上海,流动人口数量庞大,这些流动人口本身就构成一个很大的市场,很显然,这一市场有许多不同于常住人口市场的需求特点。所以,简单地以某一地理特征区分市场,不一定能真实地反映消费者的需求共性与差异，企业在选择目标市场时，还需结合其他细分变量综合考虑。

2. 人口细分

人口细分是指以人口统计变量，如年龄、性别、家庭规模、家庭生命周期、收入、职业、教育程度、宗教、种族、国籍等为基础细分市场。消费者需求、偏好与人口统计变量有着很密切的关系。如只有收入水平很高的消费者才可能成为高档服装、名贵化妆品、高级珠宝等的经常买主。人口统计变量比较容易衡量，有关数据相对容易获取，因此，企业经常把它作为细分市场的依据。

除了上述方面，经常用于市场细分的人口变数还有家庭规模、国籍、种族、宗教等。实际上，大多数公司通常是采用两个或两个以上人口统计变量来细分市场的。

3. 心理细分

按照地理标准和人口标准划分的处于同一群体中的消费者对同类产品的需求仍会显示出差异性，这可能是消费者心理因素在发挥作用。心理因素包括个性、购买动机、价值观念、生活格调、追求的利益等变量。消费者在购买农产品时，有不同的购买动机，如求实动机、求廉动机、求名动机、求美动机、显贵动机、好奇动机等。有些老年人买菜专挑便宜的买，是出于求廉动机；有些年轻人买菜专买自己没有吃过的特菜，是出于好奇动机。

4. 行为细分

行为细分是根据购买者对产品的了解程度、态度、使用情况及反应等将他们划分成不同的群体。行为变数能更直接地反映消费者的需求差异，因而成为市场细分的最佳起点。如根据顾客是否使用和使用程度细分市场，通常可分为经常购买者、首次购买者、潜在购买者和非购买者。根据消费者使用某一产品的数量大小细分市场，通常可分为重度使用者、中度使用者和轻度使用者。消费者购买某种产品总是为了解决某类问题，满足某种需要。然而，产品提供的利益往往并不是单一的，而是多方面的。消费者对这些利益的追求往往会有所侧重，如生产果珍之类清凉解暑饮料的企业，可以根据消费者在一年四季对果珍饮料口味的不同要求，将果珍市场消费者划分为不同的子市场。根据人们的偏好不同，把猪肉分割为瘦肉、排骨、肥肉和猪皮；把鸭的舌头、翅膀、脚板、鸭肠、鸭肝等分割开来，加工成特色产品；鱼也可按需分割为鱼头、鱼身、鱼尾、鱼子、鱼肚等产品上市。

以上是根据单因素细分，还可以根据多因素细分，如选定京津蔬菜市场，应考虑农产品质量是高档还是低档、价位是高还是低，若选择高收入家庭作为目标市场，应开发高档次和较高价位农产品。

总之，根据细分变数划分出的农产品细分市场是否具有开发价值，还需看农产品细分市场是否具有足够的购买力、农产品市场规模是否可以盈利、农业厂商是否有能力进入所要选定的农产品市场。

通过对农产品市场细分，识别、区分顾客对农产品的不同需求，便于农民或农产品产销企业选择适合自己的目标市场，制订相应的市场营销策略。

① 按农产品销售的地域范围可分为国内市场、国际市场。国内市场又可分为城市市场和农村市场，或华东市场、华北市场、华南市场、华西市场等，还可分为上海市场、北京市场、合肥市场、广州市场，或分为北方市场、南方市场等；国际市场又可分为欧洲市场、亚洲市场等，进一步还可分为英国市场、日本市场等。

② 按农产品销售对象可分为农产品批发市场、农产品零售市场、农产品消费市场。

③ 按顾客收入水平可分为高收入市场、中等收入市场、低收入市场。

④ 按顾客年龄可分为少儿市场、青年市场、中年市场、老年市场等。

⑤ 按顾客购买时机可分为节日购买、闲暇购买、一般购买等。

⑥ 按顾客追求的利益可分为经济性、方便性、保健性、审美性等。

⑦ 按顾客偏好强度可分为非偏好、适中偏好、偏好强烈等。

⑧ 按顾客生活方式可分为朴素型、浪漫型、追求社会地位型、传统型、新潮型、奢侈型等。

不同市场有不同的需求特点、不同的市场活动规律。农民或农产品产销企业准备开发哪类市场,要在进入该市场之前,对该市场进行深入的市场调查分析和研究,以便根据该市场的具体需求情况、购买特点制订相应的市场营销策略。

三、农产品市场细分的禁忌

(一) 忌模仿他人

农产品生产者普遍模仿性很强,尤其是没有市场经验的农户,对市场信息把握不准,往往看别人种什么,自己就种什么,这样一来,大家共同经营同一种产品,都把同一个细分市场作为自己的目标市场,从而极有可能造成某一种农产品的供给短期内或者在某一特定区域内远远大于市场需求,出现"谷贱伤农"的现象。

(二) 忌盲目进入市场

农产品生产经营者往往在有了感性认识后,便迫不及待地进入目标市场,其结果往往是由于技术、管理经验、市场信息、消费者信息等因素制约,功亏一篑。

(三)忌随便转换细分市场

一些农产品生产经营者抵挡不住其他产品市场一时走俏的诱惑,往往在准备不足的情况下放弃自己已有的优势而轻易盲从他人,结果不是种植技术原因造成产量和质量不尽如人意,丧失竞争力,就是由于不熟悉市场导致产品无人问津。有个农民,先后种过梨、苹果、西瓜、棉花及蔬菜等多种农作物,却一直没能致富,是技术水平有限吗?或是运气不好吗?都不是,究其根本,一个人的精力和能力有限,他不可能不断换行业还能干一行懂一行。失去了优势就失去了竞争力,市场细分的根本目的就是在寻求差异的前提下保持竞争优势。

(四)忌盲目听信传媒之言

我们所处的是一个信息时代,信息给我们所带来的不仅仅是便利、机会和财富,如果不去分析所掌握的信息,它带来的极有可能是陷阱和失败。

(五)忌一根筋到底

"喜新厌旧"是消费者的一种普遍心理,随着市场发展,消费者的爱好时刻在变,所以不能用固定不变的观念去看待变化的市场。农产品生产经营者应从自己的产品销量、市场占有率等指标中分析自己的产品属于生命周期的哪一阶段。只有真正掌握自己产品的生命周期,才能有针对性地选择市场策略。

第二节 目标市场选择

一、目标市场的评估

目标市场是经营者在市场细分的基础上,根据市场潜量、竞争对手状况、经营者自身特点所选定和进入的市场。

经营者一切营销活动都是围绕目标市场进行的。选择和确定目标市场,明确经营者具体服务对象,是经营者制订营销策略的首要内容和基本出发点。

(一) 目标市场的评估方法

进行市场细分以后,并不是每一个细分市场都值得进入,经营者必须对其进行评估。经营者选择目标市场,应注意考虑以下3个问题。

1. 细分市场的潜量

细分市场的潜量是在一定时期内,在消费者愿意支付的价格水平下,经过相应的市场营销努力,产品在该细分市场可能达到的销售规模。

对细分市场潜量分析的评估十分重要。如果市场狭小,没有发掘潜力,经营者进入后没有发展前途。当然,这一潜量不仅指现实的消费需求,也包括潜在需求。从长远利益看,消费者的潜在需求对经营者更具吸引力。细分市场只有存在着尚未满足的需求,才需要经营者提供产品,经营者也才能有利可图。

2. 细分市场的竞争状况

经营者要进入某个细分市场,必须考虑能否通过产品开发等营销组合,在市场上站稳脚跟或居于优势地位。所以,经营者应尽量选择那些竞争者较少、竞争者实力较弱的细分市场为自己的目标市场。那些竞争十分激烈、竞争对手实力十分雄厚的市场,经营者一旦进入后就要付出昂贵的代价。当然,对于竞争者已经完全控制的市场,如果经营者有条件超过竞争对手,也可设法挤进这一市场。

3. 细分市场具有的特征是否与经营者优势相吻合

经营者所选择的目标市场应该是经营者力所能及并能充分发

挥自身优势的。其表现在技术水平、资金实力、经营规模、地理位置、管理能力等方面，而优势是指上述各方面能力较竞争者都略胜一筹。如果经营者进入的是自身不能发挥优势的细分市场，那就无法在市场上站稳脚跟。

（二）目标市场选择策略

经营者在决定目标市场的选择和经营时，可根据具体条件考虑3种不同策略。

1. 无差异市场策略

无差异市场策略，是把整个市场作为一个目标市场，着眼于消费需求的共同性，推出单一产品和单一营销手段加以满足。

无差异市场策略的优点是可以降低成本。首先，由于产品单一，经营者可实行机械化、自动化、标准化大量生产，从而降低产品成本，提高产品质量；其次，无差异的广告宣传，单一的销售程序，降低了销售费用；最后，节省了市场细分所需的调研费用、多种产品开发设计费用，使经营者能以物美价廉的产品满足消费者需要。

无差异市场策略也有其不足，即无法满足不同消费者的需求和爱好。用一种产品、一种市场营销策略去吸引和满足所有顾客几乎是不可能的，即使一时被承认，也不会被长期接受。另外，还容易受到竞争对手的冲击。当经营者采取无差异营销策略时，竞争对手会从这一整体市场的细微差别入手，参与竞争，争夺市场份额。

2. 差异性市场策略

差异性市场策略是充分肯定消费者需求的异质性，在市场细分的基础上选择若干细分子市场为目标市场，分别设计不同的营销策略组合方案，以满足细分市场的需求。

差异性市场策略是目前普遍采用的策略，这是科技发展和消费需求多样化的结果，也是经营者之间竞争的结果。不少经营者实行品种、规格、款式、价格、分销渠道、广告形式等相结合的多种营销组合，满足不同细分市场的需求。

差异性市场策略的优点：首先，由于经营者面对多个细分市场，某一细分市场发生剧变，也不会使经营者全盘陷入困境，大大减少了经营风险；其次，由于能较好地满足不同消费者的需求，争取更多的顾客，从而扩大销售量，获得更大的利润；最后，经营者可以通过多种营销组合来增强经营者的竞争力，有时还会因在某个细分市场上取得优势、树立品牌形象而带动其他子市场的发展，造成连带优势。

差异性市场策略的不足之处在于，由于目标市场多，产品经营品种多，因而渠道开拓、促销费用、生产研制等成本高。同时，经营管理难度较大，要求经营者有较强实力和较高素质。

3. 密集性市场策略

密集性市场策略是经营者集中设计生产一种或一类产品，采用一种营销组合，为一个细分市场服务。

密集性市场策略与无差异性市场策略的区别是，前者以整个市场中某个小市场为目标市场，后者则以追求整个市场为目标市场。这一策略不是在一个大市场中占有小份额，而是追求在一个小市场上占有大份额。其立足点是，与其在总体上占劣势，不如在小市场上占优势。

密集性市场策略优点很明显：由于市场集中，便于经营者深入挖掘消费者的需求，能及时得到反馈意见，使经营者能制订正确的营销策略；生产专业化程度高，经营者可有针对性地采取营销组合，节约成本和费用；目标市场较小，可以使经营者的特点和市场特征尽可能达成一致，从而有利于充分发挥经营者自身优势；在细分市场上占据一定优势后，可以积聚力量，与竞争者抗衡；能有效树立品牌形象，如全聚德烤鸭、张仲景香菇酱等品牌产品几乎家喻户晓。

当然，密集性市场策略也有缺点，由于市场较小，空间有限，经营者发展受到一定限制。同时，如果有强大对手进入，风险很大，很可能陷入困境，缺少回旋余地。

上述3种营销策略内容可用表2-1来归纳。

表2-1　目标市场选择策略

策略类型	追求利益	营销稳定性	营销成本	营销机会	竞争强度	管理难度
无差异市场策略	经济性	一般	低	易失去	强	低
差异性市场策略	销售额	好	高	易发展	弱	高
密集性市场策略	品牌形象和小市场占有率	差	低	易失去	强	低

二、市场覆盖模式

经营者在选择目标市场时，有以下5种模式可供参考。

（一）产品市场集中化

该模式只生产一种产品，供应某一顾客群，以取得某一特征市场的优势。如某合作社生产芹菜，只选择一个细分市场，即专门生产供应给农贸市场的芹菜。这一策略通常被小经营者所采用。

（二）产品专业化

产品专业化即以一类产品供应给不同的顾客群。如某合作社只生产芹菜，选择多个细分市场，即不仅供应农贸市场，还供应超市、连锁店等。这一策略容易树立某一领域的声誉，但是，如果该产品被市场淘汰，经营者就会发生滑坡的危险。

(三) 市场专门化

市场专门化是经营者专门为满足某个顾客群体提供各种产品。如某合作社生产多种蔬菜，专门供应超市，包括芹菜、白菜、菠菜等。经营者专门为某个顾客群提供系列产品，容易和这类顾客保持良好的关系，获得良好的声誉。

(四) 有选择的专门化

经营者选择若干细分市场，如农贸市场、超市、连锁店等，但是，每个市场供应不同的农产品。结果是，每一个市场在客观上都有吸引力，但每个细分市场之间很少有联系。

(五) 完全市场覆盖化

即经营者用各种产品满足各种顾客群体需要。具体策略可以通过无差异市场策略或差异性市场策略来实施，一般只有大经营者才能采用这样的策略。

三、影响目标市场选择的因素

无差异市场策略、差异性市场策略和密集性市场策略各有利弊，各自适合不同的情况。一般说来，在选择目标市场策略时要考虑以下5个因素。

(一) 经营者资源

如果经营者资源丰富，实力雄厚（主要包括生产经营规模、技术力量、资金状况等），具有大规模的单一流水线，拥有广泛的分销渠道，产品标准化程度高，内在质量好，品牌商誉高，可以采用无差异市场策略。

如果经营者具有相当的规模、技术设计能力强、管理素质较高，可实施差异性市场策略。

反之，如果经营者资源有限，实力较弱，难以开拓整个市场，则最好实行密集性营销策略。

第二章　农产品市场细分与定位

（二）产品特点

产品具有同质性，即消费者购买和使用时对此类产品特征感觉相似，其需求弹性较小，如食盐、石油等可采取无差异市场策略。产品具有异质性，消费者对这类产品特征感觉有较大差异，其需求弹性较大，如服装、家具、化妆品等，可采取差异性或密集性策略。

（三）市场特征

如果消费者的需求和爱好相似，购买行为对市场营销刺激的反应基本一致，经营者可以采取无差异策略。

消费者需求偏好、态度、购买行为差异很大，宜采取差异性策略或密集性策略。

（四）产品生命周期

处于产品生命周期不同阶段的产品，要采取相应的目标市场策略。处在"介绍期""成长期"宜采取无差异市场策略。

处在"成熟期""衰退期"宜采取差异性策略和密集性策略。

（五）竞争对手策略

经营者不论采取何种目标市场策略，通常还要分析竞争对手的策略，知己知彼，百战不殆。如果竞争对手采取无差异市场策略，经营者应考虑差异性市场策略，提高竞争能力。如果竞争对手采取差异性策略，则经营者应进一步细分市场，实行更有效的密集性策略，使自己产品与竞争对手有所不同。

第三节　目标市场定位

一、市场定位含义

市场定位，实际上是在已有市场细分和目标市场选择的基础上深一层次的细分和选择，即从产品特征出发对目标市场进行进一步细分，进而在按消费者需求确定的目标市场内再选择经营者的目标市场。

在市场定位过程中，不论是采取两维定位法还是多维定位法，核心是选择好变量。当一种定位不甚科学时，可通过重新选择变量来找到市场的空白和发现可能出现的商机。

市场定位操作过程中，变量和状态选对了，就可以产生新的思路、新的方法、新的策略；选择错了，就会造成分析上的失误和错误的实践。

二、市场定位程序

市场定位虽然有多种方式，但其基本程序一般为以下4步。

（1）**构建目标市场结构** 农产品都有许多属性或特征，如价格的高低、质量的优劣、规格的大小、功能的多少等，利用两个以上的属性变量就可以建立起一个市场结构图。

（2）**标出竞争对手优势** 将各竞争对手在目标市场上的实际实力，标到市场结构图上，并注明各自销售额的大小。

（3）**初步定位** 一般情况下，有3种定位方案可供选择，即避让定位、插入定位、取代定位。

市场定位对一个经营者来说是十分重要的。它是"纲"，定位准确才能"纲举目张"，才能有效地组合各类营销手段；它是"杠杆"，能以较小的"投入"举起更大的"产出"。

（4）**正式定位** 在初步定位后，经营者还应做一些调查和试销工作，及时找到偏差并立即纠正。即使初步定位正确，也应视情况变化随时对产品定位进行修正和再定位。

三、初步定位策略

（一）避让定位

避让定位也叫错位定位，即把自己产品确定在当前目标市场的空白地带。这一定位可以避开竞争，获得进入市场的先机，先入为主地建立对自己有利的市场地位。

但在决定采取避让定位时，必须搞清楚以下两个问题。一是这一市场空缺为什么存在？是竞争对手没有发觉、无暇顾及还是因为根本没有市场开发前景？如果该市场确有市场需求，那么要考虑潜量是否足够大，如果收益无法弥补成本或弥补成本开支后只有微利，经营者一般不会采取这一策略。二是经营者是否有足够的技术力量去开发产品，是否有一定的质量保证体系和售后服务体系，否则只能造成资源的浪费。

（二）插入定位

插入定位即经营者将自己的产品定位于竞争者市场产品的附近，或者插入竞争者已占据的市场位置，与竞争对手争夺同一目标市场。

采取这一策略的好处是，经营者无须开发新产品，仿制现有产品即可。这是因为现有产品已经畅销于市场，经营者不必承担产品销售不畅的风险，而且能免去大量的研究开发费用。

实施插入定位必须有 3 个前提条件。首先，在经营者意欲进入的目标市场还有未被满足的需求，即该市场除现有的供给外还有吸纳更多商品的能力。其次，经营者推出品牌产品时应有特色。这是因为消费者对现有产品已有一定的了解，新产品没有特色难为消费者所接受。最后，没有法律上侵权问题。

（三）取代定位

取代定位是将竞争对手赶出原来的位置，或者兼并竞争对手而取而代之。

采取取代定位策略应具备以下条件：一是经营者推出的产品在质量、功能或者其他方面有明显优于现有产品的特点；二是经营者能借助自己强有力的营销能力使目标市场认同这些优势。

(四) 差异性定位策略

经营者要使产品获得稳定的销路，就应该使其与众不同、创出特色，从而获得一种竞争优势。差异性包括产品实体差异化、服务差异化和形象差异化。

在实施差异性定位过程中，首先，应从顾客价值提升角度来定位。产品差异化的基础是消费需求的差异化，消费需求是产品差异化的前提，每一个差异化定位首先要考虑消费者是否认可。

其次，应从同类经营者特点的差异性来定位。同行经营者中每个经营者都有它的特殊性，当一个经营者特点是其他经营者所不具备的，这一差异性即可成为定位的依据，如"好想你"枣独占鳌头的关键是有一个全国性的销售网络。

最后，要认识到差异化应该是可以沟通的，是顾客能够感受到的，是有能力购买的。否则，任何差异性都是没有意义的。

实际上要注意差异性不能太多。当某一产品强调特色过多时，反而会失去特色，也不易引起顾客认同。

(五) 重新定位策略

"水因地而制流，兵因敌而制胜。故兵无常势，水无常形；能因敌变化而取胜者，谓之神。"经营者市场定位也因市场变化而重新定位。

重新定位一般有3种情况。一是因产品进行了改良或产品发现了新用途，为改变顾客心目中原有的产品形象而采取的再次定位。二是因市场需求变化而重新定位。由于时代及社会条件的变化以及顾客需求的变化，产品定位也需要重新考虑。三是因扩展市场而重新定位。市场定位常因竞争双方状态变化、市场扩展等而变化。美国强生公司生产的一种洗发剂，由于不含碱性物质，不会刺激皮肤和眼睛，市场定位于"婴幼儿的洗发剂"。后来，随着美国人口出生率的降低，婴幼儿市场日趋缩小，该公司改变定位，强调这种洗发剂没有刺激性，能使头发柔软，富有色泽。

第三章 农产品营销策略

第一节 产品策略

一、产品整体概念及分类

(一) 产品与农产品

产品是指能够提供给市场被人们使用和消费并满足人们某种需要的任何东西,包括有形的物品、无形的服务、人员、组织、观念或它们的组合。对农产品的定义目前多种多样,说法不一,国内如此,国际也尚无统一定论。按照国际公认和国内普遍认可的观点,农产品是指动物、植物、微生物产品及其直接加工品,包括食用和非食用两个方面。

(二) 整体产品

人们通常理解的产品是指具有某种特定物质形状和用途的物品,是看得见、摸得着的东西,这是一种狭义的定义。市场营销学认为,广义的产品是指人们通过购买而获得的能够满足某种需求和欲望的物品的总和,它既包括具有物质形态的产品实体,又包括非物质形态的利益,这就是"产品的整体概念"。

1. 核心产品

核心产品也称实质产品,指产品能够提供给购买者的基本效用或益处,是购买者所追求的中心内容。如买自行车是为了代步,买汉堡是为了充饥,买化妆品是希望美丽、体现气质、增加魅力等。因此,企业在开发产品、宣传产品时应明确产品能提供的利益,产品才具有吸引力。

2. 有形产品

有形产品是产品在市场上出现时的具体物质外形,它是产品的形体、外壳,核心产品只有通过有形产品才能体现出来。产品的有形特征主要指质量、款式、特色、包装,如冰箱,有形产品不仅仅指冰箱的制冷功能,还包括它的质量、造型、颜色、容量等。

3. 附加产品

附加产品指顾客购买产品所得到的各种附加利益的总和。它包括安装、使用指导、质量保证、维修等售前售后服务。由于产品的消费是一个连续的过程,既需要售前宣传产品,又需要售后持久、稳定地发挥效用,因此,服务是不能少的。可见,随着市场竞争的激烈展开和用户要求的不断提高,附加产品将成为竞争获胜越来越重要的手段。

(三) 农产品的特点

农产品与其他商品相比,具有下列特点。

1. 品种繁多、数量庞大

粮食、油料、蔬菜、水果、家禽、家畜等都属于农产品,而且每种产品的数量都很庞大。

2. 对销售渠道功能要求高

很多农产品都是生鲜产品、保质期短,因此,对销售渠道的要求很高。

3. 生产的地域性与消费的普遍性的矛盾

农产品的生产具有地域性,但对于各种农产品的消费则具有普遍性。例如,吐鲁番的葡萄生产在新疆吐鲁番地区,但是全国各地的消费者都有消费吐鲁番葡萄的需求，因此，需要将地域性的产品运销各地。

4. 产量不稳定

受自然条件的制约和影响，产量不稳定，有供给与需求之间的矛盾。

二、农产品包装策略

(一) 包装的概念与作用

1. 包装的概念

产品包装有两层含义：一是指用不同的容器或物件对产品进行捆扎；二是指包装用的容器或一切物件。包装通常有 3 个层次：第一层次是内包装，它是直接接触产品的包裹物，如酒瓶、香水瓶、牙膏皮等；第二层次是中包装，它是保护内包装物的包裹物，当产品被使用时，它就被丢弃，如香水瓶、牙膏等外面的盒子等，中包装同时也可以起到促销的作用；第三层次是外包装，即供产品储存、辨认所需要的包裹物，如装一打香水的硬纸盒等。

2. 包装的作用

(1) 保护商品　这是包装最主要的目的和最基本的功能。在商品的流通和使用过程中，通过包装可以起到防止各种损坏的作用，如防止破损、散失、变质、挥发、污染、虫蛀、鼠咬等。包装还可保证商品的清洁卫生和安全，从而保护产品的使用价值。

(2) 便于储运　有的商品外形不固定，或者是液态、气态，或者是粉状，若不进行包装，则无法运输和储藏。

(3) 便于使用　包装可起到指导消费者和方便使用的作用。对消费者来说，包装上的说明、注意事项等对于产品的正确使用和合理保存，具有重要意义。

（4）**促进销售** 商品给消费者的第一印象，不是来自产品的内在质量，而是它的外观包装。产品包装美观大方、漂亮得体，能吸引消费者，并激发消费者的购买欲望。

（5）**增加价值** 如果包装设计美观动人，能给商品树立起高贵的形象，使用户愿意支付较高的价格购买产品，就可使企业增加利润。

（二）包装的原则

1. 适用原则

包装的主要目的是保护商品。因此，首先，要根据产品的不同性质和特点，合理地选用包装材料和包装技术，确保产品不损坏、不变质、不变形等，尽量使用符合环保标准的包装材料；其次，要合理设计包装，便于运输；最后，包装应与商品的价值或质量相适应，应能显示商品的特点或独特风格，同时方便消费者购买、携带和使用。

2. 美观原则

销售包装具有美化商品的作用，因此，在设计上要求外形新颖、大方、美观，具有较强的艺术性。但值得注意的是，包装装潢上的文字、图案、色彩等不能和目标市场的风俗习惯、宗教信仰发生抵触。

3. 经济原则

在符合营销策略的前提下，应尽量降低包装成本。

三、产品生命周期理论

产品生命周期是指产品从进入市场到退出市场所经历的市场生命循环过程。产品只有经过研究开发、试销，然后进入市场，它的产品生命周期才算开始。产品退出市场，标志着其生命周期的结束。在现代市场经济条件下,企业不能只埋头生产和销售现有产品,而必须随着产品生命周期的发展变化,灵活调整营销方案,并且重视新产品开发,及时用新产品代替老产品。

(一) 产品生命周期阶段

典型的产品生命周期一般可分为 4 个阶段,即介绍期、成长期、成熟期和衰退期。

1. 介绍期

新产品投入市场,便进入介绍期。此时,顾客对产品还不了解,只有少数追求新奇的顾客可能购买,所以销售量很低。为了扩展销路,需要大量的促销费用来对产品进行宣传。在这一阶段,由于技术方面的原因,产品不能大批量生产,因而成本高,销售额增长缓慢,企业不但得不到利润,反而可能亏损。

2. 成长期

当产品在介绍期的销售取得成功以后,便进入成长期。这时顾客对产品已经熟悉,大量的新顾客开始购买该产品,市场逐步扩大。产品已具备大批量生产的条件,生产成本相对降低,企业的销售额迅速上升,利润也迅速增长。在这一阶段,竞争者看到有利可图,将纷纷进入市场参与竞争,使同类产品供给量增加,价格随之下降,企业利润增长速度逐步减慢。

3. 成熟期

经过成长期以后,需求时常趋于饱和,潜在的顾客已经很少,销售额增长缓慢直至转而下降,标志着产品进入了成熟期。在这一阶段,竞争逐渐加剧,产品销售量降低,促销费用增加,企业利润下降。

4. 衰退期

随着科学技术的发展,新产品或新的代用品出现,将使顾客的消费习惯发生改变,转向其他产品,从而使原来产品的销售额和利润额迅速下降。于是，产品进入了衰退期。

(二) 产品生命周期策略

1. 介绍期营销策略

介绍期开始于新产品在市场上普遍销售之时。新产品进入介绍期以前，需要经历开发、研制、试销等过程。进入介绍期的产品的市场特点：产品销量少，促销费用高，制造成本高，销售利润常常很低甚至为负值。在这一阶段，促销费用很高，支付费用的目的是要建立完善的分销渠道。促销活动的主要目的是介绍产品，吸引消费者试用。

在产品的介绍期，一般可由价格、促销费用、地点等因素组合成各种不同的营销策略，若仅仅考察促销费用和价格两个因素，则至少有以下4种策略（图3-1）。

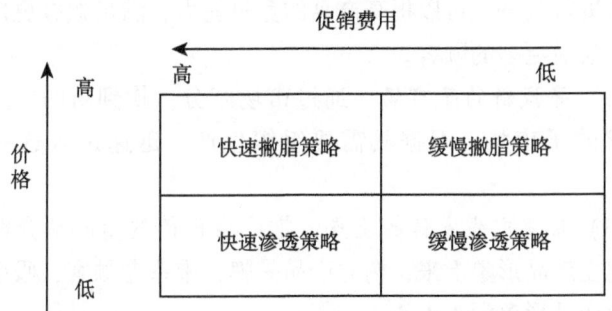

图3-1 介绍期营销策略

(1) 快速撇脂策略　这种策略采用高价格、高促销费用的方式，以求扩大销售量，取得较高的市场占有率。

(2) 缓慢撇脂策略　以高价格、低促销费用的形式进行经营，以求得到更多的利润。

(3) 快速渗透策略　实行低价格、高促销费用的策略，迅速打入市场，取得尽可能高的市场占有率。

(4) 缓慢渗透策略 以低价格、低促销费用来推出新产品，以扩大销售，降低营销成本，增加利润。

2. 成长期营销策略

新产品经过市场介绍期以后，消费者对该产品已经熟悉，消费习惯已经形成，销售量迅速增长，这种新产品就进入了成长期。

随着竞争的加剧，新的产品特性开始出现，产品市场开始细分，分销渠道增加。企业为维持市场的继续成长需要保持或稍微增加促销费用，但由于销量增加，平均促销费用有所下降。

针对成长期的特点，企业为维持市场增长率，延长获取最大利润的时间，可以采取下面4种营销策略。

(1) 改善产品品质 如增加新的功能、改变产品款式等。对产品进行改进，可以提高产品的竞争能力，满足顾客更广泛的需求，吸引更多的顾客。

(2) 寻找新的子市场 通过市场细分，找到新的、尚未满足需求的子市场，根据其需要组织生产，迅速进入这一新的市场。

(3) 改变广告宣传的重点 把广告宣传的重心从介绍产品转到建立产品形象上来，树立产品品牌，维系老顾客，吸引新顾客，使产品形象深入人心。

(4) 适时降价 在适当的时机，可以采取降价策略，以激发那些对价格比较敏感的消费者产生购买动机和采取购买行动。

3. 成熟期营销策略

产品经过成长期的一段时间以后，销售量的增长速度会放慢，利润开始缓慢下降，这表明产品已开始走向成熟期。

对成熟期的产品，只能采取主动出击的策略，使其成熟期延长，或使产品生命周期出现再循环。为此，可以采取以下3种策略。

(1) 调整市场 这种策略不是要调整产品本身,而是发现产品的新用途或改变推销方式等,以使产品销售量扩大。

(2) 调整产品 这种策略是以产品自身的调整来满足顾客的不同需要,以吸引有不同需求的顾客。整体产品概念的任何一个层次的调整都可视为产品再推销。

(3) 调整营销组合 这种策略是通过对产品、定价、渠道、促销等营销组合因素加以综合调整,刺激销售量的回升。

4. 衰退期营销策略

在成熟期,产品的销售量从缓慢增加达到顶峰后,会发展为缓慢下降。一般情况下,如果销售量的下降速度开始加剧,利润水平很低,就可以认为这种产品已进入生命周期的衰退期。

衰退期的主要特点:产品销售量急剧下降;企业从这种产品中获得的利润很低甚至为零;大量的竞争者退出市场;消费者的消费习惯已发生改变等。面对处于衰退期的产品,企业需要进行认真研究,决定采用什么策略及在什么时间退出市场。

第二节 价格策略

一、农产品价格的形成

价格和收入在农产品营销决策中起着非常重要的作用。市场需求和经营者因追求利润把低价值的农产品转移到高价值的农产品市场中。成本、价格、收入和利润都是有效调节农产品营销策略的根本因素。

(一) 影响农产品价格的因素

影响农产品价格的因素主要包括:国家宏观政策、经济环境等;消费者的收入、习惯、需求量等;经营者的生产决策以及生产规模；经营者的增值服务、采购成本、流通成本、营销成本等；天气、病虫害等一些不可预测的因素；农产品的替代品多而复杂，也是影响农产品价格的重要因素。

（二）农产品价格的特点及变动规律

农产品价格与工业品价格相比，有价格变动频繁、变动幅度大和地区差异大等特点。

尽管农产品的市场价格变动频繁，但这种变动又是有规律可循的，这就是农产品价格的季节变动规律和周期变动规律。

1. 季节变动规律

农产品随季节变动的规律主要是由农产品季节性生产规律所决定的。例如，草莓生长在春天，桃盛产在夏天，苹果到秋天才上市。农产品生产具有季节性，而人们的消费却是常年性的，因此，农产品的价格随季节不同而变化。一般来说，应季农产品供应量大，价格相对较低；过季农产品需要储存与加工，且供应量减小，价格相对较高。

2. 价格周期变动规律

价格周期变动规律是指市场价格发生变动引起需求量变动，而农产品生产不能立即做出反应，只有等到下一个生产周期才能调整生产，调整了之后可能又会出现新一轮的变动，如此周期性地循环。

3. 经济发展周期的变动规律

在经济高速发展时期，就业率和收入快速提高，增加了对农产品的需求，从而刺激了农产品价格的上升；反之，经济发展速度降低后，就业率和收入增长放缓，对农产品的需求也随之减弱，从而引起农产品价格下降。

4. 节假日需求周期性的变动规律

节假日需求的变化导致市场供求量的变化。如春节和中秋节，消费者的需求激增，农产品的供应量往往是平时的数倍，节后需求量骤减，导致价格出现明显变动。春节前的农产品，一天一个价，价格随时都在变动，增幅不再是百分位的变化，甚至可能是数倍的变化。

（三）农产品定价目标

影响农产品价格的因素虽然很多，但是，农产品定价的目标是农产品经营者的具体任务，它是确定价格策略和营销策略的重要依据。农产品定价目标主要有以下 5 种：一是以生存为目标，就是在激烈的竞争中，经营者处于不利的市场环境中实行的一种缓兵之计，只能作为短期行为目标；二是以利润最大化为目标，这是只有该农产品在市场中处于有利地位时，才可以选用的方式；三是以增加销量为目标，为了降低单位产品的成本，通过增加销量达到盈利的方式，主要吸引对价格敏感的消费者；四是以市场占有率为目标，在市场竞争中，为了增加市场占有率，提高市场控制能力，阻止竞争者进入的措施；五是以适应市场为目标，为了稳步进入市场，以竞争者的价格作为定价基础，与竞争者保持相对稳定的关系，避免价格战的策略。

二、农产品的定价方法

农产品经营者往往需要根据不同的情况、不同的定价目标，采取不同的定价方法。

（一）成本加成定价法

成本加成定价法是以产品单位成本为基本依据，再加上预期利润来确定价格的方法。

其优点是方法简单；同时，在考虑生产者合理利润的前提下，当顾客需求量大时，价格显得更公道些。

其缺点是未考虑市场价格及需求变动的影响；未考虑市场的

竞争问题；不利于农产品经营者降低产品成本。

克服成本加成定价法的不足的方法：农产品经营者可按产品需求价格弹性的大小来确定成本加成比例。成本加成比例和价格确定是否合理，主要依赖于需求价格弹性估计的准确程度。这就需要经营者必须密切注视市场，只有通过对市场进行调查、详细分析，才能估计出较准确的需求价格弹性，从而制定出正确的产品价格，增强农产品经营者在市场中的竞争能力，增加农产品经营者利润。否则，无法达到预期目标。

(二) 需求导向定价法

需求导向定价法是依据消费者对农产品价值的理解和需求差别来制定价格的方法。例如，相同的农产品因消费者需求和认识的差别，可以采用不同的价格。

在产品供过于求时，农产品经营者运用需求导向法定价，效果会更好。这种定价方法以销售地点、销售时间、产品质量、销售方式等发生变化所产生的需求差异为定价依据，对同一产品，根据不同的需求制定不同的价格。其主要包括根据地区差异定价、根据季节差异定价、根据质量差异定价、根据购销差异定价及根据批零差异定价。

采用这种定价方法，需要搞好市场细分，各细分市场的需求差异比较明显，防止"转手倒卖"。同时，实行差异定价要有充足的理由，避免引起顾客的反感；最后，应注意不能因实行差异定价增加过大的开支，否则得不偿失。

(三) 竞争导向定价法

竞争导向定价主要的形式——随行就市定价法。随行就市定价法常用于质量差异不大、竞争激烈的产品，或者成本不易测算、市场需求和竞争者反应难以预料的产品。其优点：一是容易被消费者所接受，因为通行价格往往被人们认为是"合理价格";二是可以使自己获得平均利润;三是可以避免挑起激烈的价格战,造成两败俱伤。

随行就市定价法是农产品定价最常用的方法。其主要是根据生产季节、货源供应情况及产品质量等随行就市定价。

三、农产品定价策略

(一) 折扣定价策略

折扣定价策略是为了鼓励消费者及时付款、大量购买等采用低于基本价的策略。主要包括:现金折扣、数量折扣、功能折扣、季节折扣等方式。

(二) 心理定价策略

心理定价策略是针对消费者的不同消费心理,制定相应价格,以满足不同类型消费者需求的策略。

心理定价策略一般包括尾数定价、整数定价、习惯定价、最小单位定价。

(三) 促销定价策略

农产品属于价格敏感性的大众消费品,常运用促销价格以吸引眼球,增加销售的策略。

促销定价策略常在节假日进行,如节假日的"买一送一""大酬宾"等优惠活动,以招揽顾客为目标的定价策略。

(四) 品牌定价策略

一般消费者都有面子需求,经营者将有品牌的产品,制定比市场中同类产品价格高的价格,能有效地消除消费者心理障碍,使消费者不但产生信任感和安全感,而且会有面子。

(五) 新品定价策略

新品定价策略常根据新品的特征选择不同的价格策略。

当经营的新品供应不足,或是培育的新、奇特品种,采用撇脂定价法，其价格要高出其价值的几倍或十几倍，以获取最大的利润。

当经营者的新品需求弹性较大，价格低，销量大，价格高，销量就显著下降时，采用渗透定价法，其价格定得较低，可让产品迅速占领市场。

当经营者的新品具有显著的特征，又不是必需的产品时，常采用适中的价格，这种定价策略可能让经营者和顾客都比较满意。这种定价策略适宜于优质、特色的农产品。

第三节 渠道策略

一、农产品分销渠道

（一）农产品分销渠道的概念

农产品分销渠道指的是各种旨在促进农产品和服务的实体流转以及实现其所有权，由生产者向消费者或企业用户转移的各种营销机构及其相互关系构成的一种有组织的系统。或者说，农产品分销渠道指农产品从生产者向消费者转移时所经过的路径或通道。因此，分销渠道主要包括商业中间商（因为他们取得所有权）和代理中间商（因为他们帮助转移所有权）。此外，它还包括处于分销渠道的起点和终点的生产者与消费者。

（二）农产品分销渠道的含义

农产品分销渠道包含4层含义。

第一，分销渠道的起点是生产者，终点是消费者和用户。它所组织的是从生产者到消费者之间完整的商品流通过程，而不是商品流通过程中的某一阶段。

第二，分销渠道的积极参与者，是商品流通过程中各种类型的中间商。在商品从生产领域向消费领域转移的过程中会发生多次交易，而每次交易都是企业（包括个人）的买卖行为，可表示为：生产者—批发商—零售商—消费者。批发商和零售商组织收购、销售、运输、储存等活动，一个环节接着一个环节，把产品源源不断地由生产者送往消费者和用户手中。

第三，在分销渠道中生产者向消费者或用户转移产品或劳务，应以商品所有权的转移为前提。农产品从生产领域进入消费领域，通常经过加工环节。

第四，分销渠道是指某种特定产品从生产者到消费者或用户所经历的流程。分销渠道不仅反映商品价值形态变化的经济过程，而且也反映商品实体运动的空间路线。渠道中包含4种流动：商品流（所有权）、物流（实体）、资金流和信息流（双向）。

(三) 农产品分销渠道的作用

1. 促进生产，引导消费

农产品只有通过市场交换，才能到达消费者手中，才能实现其价值和使用价值，企业才能盈利。营销渠道就是完成农产品从生产者到消费者的转移，起到桥梁作用。农产品营销渠道连接生产和消费，既是生产的排水渠，又是消费的引水渠。排水渠不通，农产品就不能及时销售出去，资金周转就困难，农业再生产就无法顺利进行。引水渠不畅，农产品就不能及时顺利地到达消费者手中，消费需求就得不到满足。因此，对于生产者来说，不仅要生产满足消费者需要的农产品，还要正确地选择自己的营销渠道，做到货畅其流，发挥促进生产、引导消费的作用。

2. 吞吐商品，平衡供求

农产品营销渠道是由一系列商业中间人连接而成的。这些商业中间人类似于大大小小的蓄水池，在农产品供过于求的地区或季节，将农产品蓄积起来，在供不应求的地区或季节销售出去，起到吞吐商品、平衡供求的作用。农产品市场具有明显的地区性和季节性供求不平衡的矛盾，营销渠道上的商业中间人可以使这种矛盾得到缓和。

3. 加速商品流通，节省流通费用

一个生产企业依靠自己的力量出售自己的全部产品是不现实的。这要占用相当多的人力、物力、财力和时间，从长远观点和宏观经济分析是不合算的。选择合适的营销渠道，利用商业中间人的力量销售自己的产品，至少可以带来两方面的好处：一方面可以缩短流通时间，相应地缩短再生产周期，直接促进生产的发展；另一方面可以减少在流通领域中占压的商品和资金，加速资金周转，扩大商品流通，节省流通费用。

4. 扩大销售范围，提高产品竞争能力

农业企业仅仅依靠自己的力量直接向消费者出售产品，其销售范围和销售数量是非常有限的。如果选择合适的营销渠道，将产品交由商业中间人销售，则可以运输到很远的地方，从而扩大产品的销售范围。同时，一些商业中间人为了自身的利益也乐于为产品做广告，这样就有可能增加销售数量，从而提高产品的市场竞争能力。

二、农产品分销渠道基本类型

农产品分销渠道的基本类型，如图 3-2 所示。

（一）农产品直接分销渠道

农产品直接分销渠道是指农产品生产者直接将产品销售给消费者，不经过任何中间商，即生产者—消费者模式，这是一种最直接、最简单和最短的渠道类型，因此，也叫零级分销渠道。水

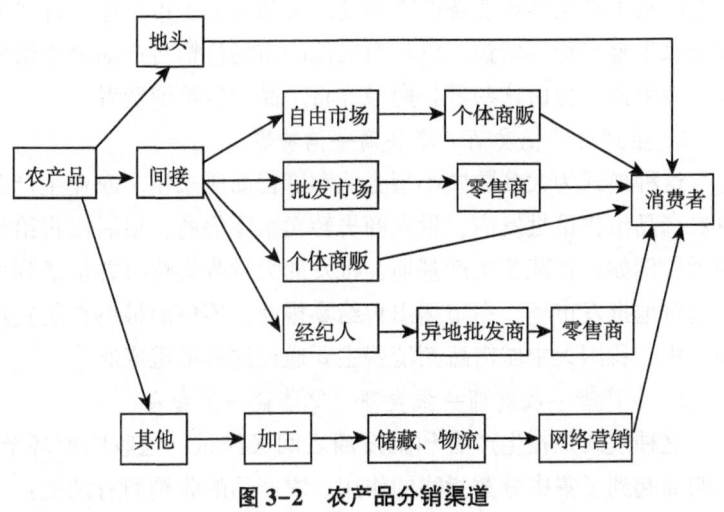

图 3-2　农产品分销渠道

果、蔬菜等鲜活农产品常用这种渠道进行销售。

（二）农产品间接分销渠道

农产品间接分销渠道是除直接渠道之外的其他渠道，即农产品流通过程中凡是经过中间商环节的营销渠道都叫作间接渠道。大部分农产品的生产者缺乏市场驾驭能力，这样就出现了对中间商的选择和培养，通过中间商的市场能力优势把农产品推向市场，完成农产品在流通领域中的所有权转移。根据中间商的性质和数量不同，又可以分为一级分销渠道、二级分销渠道、三级分销渠道等。

农产品间接分销渠道可分为以下 6 种类型。

1. 生产者—零售商—消费者

这种模式也称一层通道。它是指农业生产者将农产品出售给零售商，再由零售商转卖给最终消费者，生产者和消费者中间经过一道零售环节。例如，农民将自己种植的蔬菜转卖给附近集市内专门从事蔬菜零售业务的零售商。又如水果上市旺季，许多果农将水果整车运往城镇，以相对较低的市场价格将产品分售给水果店或果摊，再由这些零售商最终将产品销售给消费者。

2. 生产者—批发商—零售商—消费者

这种模式为大多数中小型企业和零售商所采用。农业生产者将农产品出售给批发商，批发商再转卖给零售商，最后出售给消费者。例如，在蔬菜生产基地，批发商大量收集蔬菜并运送到大的消费地批发市场，在市场出售给零售商，零售商最终在集贸市场销售。我国大中城市蔬菜消费主要通过这种渠道流通。

3. 生产者—收购商—批发商—零售商—消费者

这种模式是在生产者和批发商之间又经过一道收购商环节。收购商起到了集中分散货物的作用。农产品的收购商有两类：一类是基层商业部门设立的独立核算的收购站和供销社，他们收购农副土特产品，然后交给市、县商业批发企业；另一类是个体商贩，他们走街串巷收购农副产品，然后转卖给批发企业。例如，很多个体商贩到农村收购药材及土特产品，然后转卖给当地批发企业。

4. 生产者—加工商—批发商—零售商—消费者

这种模式是生产者将农产品出售给加工商，而不是批发商。采用这种方式的是原始形态不适合消费者直接消费，必须经过加工的农产品。在这种渠道中，加工是整个农产品流通过程的主要环节，采用这种渠道模式，必须在农产品产地设有农产品加工厂，便于生产者直接出售。例如，油菜籽就是生产者直接将产品送到加工厂，厂方根据产品质量及市场行情出价收购并加工制造。

5. 生产者—收购商—加工商—批发商—零售商—消费者

这种模式是收购商到生产者处收购，转卖给加工商，加工之后通过批发零售环节最终实现产品销售。这种模式同样适合那些原始形态不适合消费者直接消费，必须经过加工的农产品。同时，与前一个渠道不同的是，这类农产品大多是必须经过特殊处理才能运输，或者数量达到一定数额才能销售的产品。例如，在鸡鸭集中产区，分散在农村各地的禽羽收购商将零星收购的禽羽卖给羽绒厂加工成羽绒制品。

6. 生产者—代理商—收购商—加工商—批发商—零售商—消费者

这种模式多了代理商的环节。代理商存在的意义在于它并不拥有产品的所有权，只是代理收购并销售。例如，我国有些农村地区，生猪收购环节中专门设置有代购代销员，他们的身份是农民，但为农村食品收购站工作。他们按其收购额的一定比例提取手续费作为报酬，这些代购代销者实际就是农村食品站的代理商。

(三) 农产品分销渠道策略选择

生产者和经营者在选择农产品分销渠道时，通常必须研究4个方面的条件：政策因素、市场因素、产品因素和生产者因素。

1. 政策因素

政策因素是农产品生产者和经营者选择分销渠道时必须注意的重要问题。国家政策的变化决定着农产品分销渠道的取舍和变更。

2. 市场因素

市场因素包括农产品目标市场的地理位置、目标市场的平均购买力、不同地区差价的大小等。

3. 产品因素

产品因素包括产品的自然属性（即是否鲜活商品，是否不同重量的农产品,是否易储存农产品等)、产品数量以及产品的季节性。

4. 生产者因素

要考虑生产者规模和实力以及生产者控制渠道的愿望。

(四) 农产品营销直接渠道与间接渠道的比较

1. 直接渠道

(1) 优点 一是产销直接见面,市场行情反馈及时,便于生产适销对路的农产品;二是节省商品流通费用,减少损耗、变质等损失;三是生产者便于控制农产品的市场价格,可以独享营销利润。

(2) 缺点 农产品生产者要承担较多的商业责任,要在产品销售上投入较多人力、物力和财力。

(3) 适用范围 小规模生产者所产鲜活农产品的营销。

2. 间接渠道

(1) 优点 一是农业生产者不从事过多的产品销售业务,可以节省人力、物力和财力,集中力量搞好生产;二是充分利用中间商的优势来开拓市场,扩大产品销售。

(2) 缺点 产销之间被中间商隔离,不能及时沟通产销信息。

(3) 适用范围 大规模、专业化和商业化程度较高的农产品生产者。

第四节 促销策略

促销是经营者运用各种手段,向消费者推销产品,以激励消费者购买,促使产品由经营者向消费者转移的一项活动。不论采用什么样的促销手段,但目的是共同的。

一是鼓励顾客尝试产品,尤其是与钱无关的刺激更会使顾客感到没有风险；二是建立知名度；三是获得忠诚的回报。

据此，可以把促销概括为：对消费者传递产品信息，唤起顾客对产品的需求，以开拓市场，树立产品和经营者的形象。

一、选择促销手段的方法

促销的方法有多种，如人员推销、广告、营业推广、公共关系等，这些方法各有优点和缺点，对各种产品的销售所起的作用也不尽相同。如广告宣传覆盖面广，对于日常消费品的促销效果较好，但不能直接促成交易的成功；人员推销有利于直接促成交易，但费用较高。所以必须根据产品特点和企业销售目标，选择和运用合适的促销策略。

（一）促销策略依据产品性质不同而异

一般来说，日用消费品更适宜于使用广告宣传。因为消费品一般技术简单，花色品种多，市场需求广泛，最有效的促销手段是广告。目前的电视广告中，70%~80%是消费品的广告。为了吸引中间商，人员推销也是必要的。一些竞争性较强的消费品，促销策略更要周密设计。

（二）促销策略依据产品生命周期的不同而异

产品处于生命周期的不同阶段，市场销售态势不同，促销的目标也不同，因此，要相应地选择、编配不同的促销组合，制订促销策略。

1. 产品介绍阶段

新产品上市，促销的重点是让消费者认识和了解其性能和特色，以便做出购买决策。此阶段，应以广泛广告为主，辅以人员推销。旨在广泛介绍产品，且应保证商店有货，否则不仅会丧失销售机会，而且会给产品声誉造成坏的影响。

2. 产品增长阶段

促销的目标是引起消费者的兴趣，重点是宣传品牌和产品特色，激起人们对产品的进一步需求，树立顾客对本品牌产品的信任态度，以促进销售的进一步增长，此时应以广告为主，同时配合人员推销和公共关系等手段，扩大销售渠道，广设网点，便于顾客购买。

3. 产品成熟阶段

竞争者蜂拥而至。促销的重点目标在于树立消费者对本品的偏爱，力争在竞争中占优势。促销手段以广告为主，但应改变其内容和形式，以突出产品竞争中的优点，同时配以人员推销、营业推广和公共关系等促销手段，使促销手段充分发挥作用。如产品进入成熟阶段，就要更多地派出推销人员，访问顾客，维系生产者与中间商的关系，进一步巩固和扩大产品声誉，对已有的客户，强调产品的竞争优势和价值，鼓励他们继续发展购销关系。

4. 产品衰退阶段

产品由成熟进入衰退，市场上已出现优于本品的产品，这时广告就不应是主要的促销手段，促销活动应当主要利用营业推广，使偏爱本产品的老顾客继续购买。同时，采用少量提示性广告，力求巩固原有市场。

需要说明的是，在产品生命周期的各个阶段，都要十分注意消除顾客购买产品后的不满意感。经营者应针对消费者的疑虑，采用广告和公共关系等方式加以解释与说明，消除疑虑，同时加强售后服务，以保持企业和产品在市场上的信誉，实现企业的长期目标。

（三）促销策略依市场范围不同而异

① 市场范围小，产品只在本地市场销售，则应以人员推销或产品陈列为主。

② 广泛的大范围市场，如全国市场或世界市场，广告就显得非常重要了。

③ 中等规模的市场可以一种促销方式为主，兼用其他方式，如一方面进行人员推销，另一方面在适当范围内进行广告宣传。

(四) 促销策略依市场类型不同而异

不同的市场类型有不同的特点，促销方式也不相同。

① 消费者的类型不同，促销方式也不一样。城市居民偏爱广告，乡村居民则对产品陈列、展销容易接受。企业应针对不同类型的消费市场，选择对路的促销策略。

② 生产者市场是另一类型的市场，专业性强，数量少，通常以人员推销为主。

③ 潜在顾客的数量也是选择促销手段时需要考虑的重要因素。潜在顾客多，广告就比较有效，反之，人员推销方式就比较合适，如残疾人轮椅多以产品展示或柜台广告为主，化妆品则以广告为主。

(五) 做好促销预算

不同行业、不同产品预算差异很大。化妆品行业的促销费用最高，为营业额的 30%～50%，工业机械行业只有 15%～20%，而农产品的促销预算都在 10% 以下。

一般是确定一个占其营业额的百分比作为预算额。当然归根到底还要根据促销的实际效果，随时进行调整，其中关键因素决定于产品处于市场生命周期中的哪个阶段，以及产品对于消费者的重要程度。

二、促销策略类型多样

(一) 推动策略

使用推动策略，主要是利用人员推销和其他营业推广手段，把产品"推"向市场，使用这一策略，大多是经营者有雄厚的推销人员队伍，或产品声誉较高，或是采购者的目标比较集中。

(二) 拉引策略

拉引策略是指利用广告和其他宣传措施，来引起消费者对产品或服务的兴趣。如果这些促销措施奏效，消费者就会自动到商店购买该种产品，也就是说将消费者"拉"到产品这边来了。

实行拉引策略的经营者必须将大量促销费用用于广告宣传以吸引顾客。使用这一策略，主要是产品的销售对象比较广泛，使用人员推销在经济上不合算，或是新产品初上市，需要扩大知名度。

(三) 攻击策略

攻击策略是对竞争者采取主动出击的策略，想别人所未想，注意别人容易忽略的地方。

避实就虚，既要摸清消费者的需求变化规律，又必须注意摸清竞争对手的经营规律，只有这样，才能做到见"实"就避，乘"虚"而入。

(四) 形象策略

形象策略也称信誉销售策略，经营者不但要在广告宣传中树立起自己的形象，更重要的是要研究用户心理，千方百计在用户的心目中树立起良好的产品形象。"经商信为本，诚招天下客"，可以说是至理名言。要靠信誉赢得顾客，需在6个方面竭尽全力。

(1) 树立广告信誉　广告要适度，名副其实。

(2) 树立质量信誉　"质量就是生命"，质量关系产品销售的市场份额，关系产品的兴衰。

(3) 树立价格信誉　维护价格信誉，必须力求公平作价、明码标价、优质优价、品质稳定。

(4) 树立合同信誉　遵章履约、恪守合同是经营的基本道德。树立合同信誉，严格按合同规定，承担责任，才能取信于人。

(5) 树立计量信誉　经营中要尺足、秤满、量平，做到计量准确，不仅经营作风应从严要求，还要防止许多非主观因素影响经营信誉。

(6) 树立售后信誉　售后服务是决定消费者是否再次购买，从而影响产品市场份额的关键。消费者购买后，产品不能正确使用，就会对该产品丧失安全感，其他人再行购买就会有后顾之忧，以致影响产品的信誉和销量。以售后服务取得信誉，主要包括访问用户，得到信息反馈；提供农产品食用方法技巧等；对产品使用技术比较复杂的，要为用户提供技术咨询或代用户培训技术力量等。

（五）系列销售策略

系列销售策略就是将若干种互有关联的产品配在一起进行销售，这样既扩大了销售，又赢得了用户的心。

（六）文化促销策略

人类历史发展过程中，形成了许多优秀的传统文化，文化促销就是"借推销文化，实推销产品"的策略，将文化与产品有机地结合起来，达到将企业形象及产品推向市场的目的。典型的形式是近几年逐渐兴起的各种文化节，如原阳大米节、新郑大枣节等。但主要有两个问题：一是要有档次；二是要有品位。

（七）感情促销策略

感情是人类生活中最为重要但也最为复杂、最难解释的东西，在产品经营中注重人情，是经营者实现经济效益的重要途径。如情人节玫瑰花的销售量会大增；中秋节对月饼等食品生产商可能就是个好日子；一些中老年保健品生产企业，利用母亲节、父亲节、重阳节等节日大做文章，提醒做子女的别忘了去看望操劳一生的年迈双亲，也不失为良策。

（八）名人促销策略

借助名人的声望与地位来宣传企业及其产品或服务，是一条提高产品或服务销售量的捷径。名人效应对企业及产品的影响不容忽视,如柳桃、潘苹果等借助名人效应获得利润。名人效应不仅指真正的名人为企业的广告效应,有时利用"模仿秀"打一下名人的牌子也能为经营者带来可观的公关效果。

(九) 好奇促销策略

好奇是人之天性,好奇心会驱使消费者接受产品信息,去认识产品、接近产品和消费产品。企业可抓住机会,投其所好,达到销售产品的目的。

国外有一家啤酒店,在店外立了一个大酒桶,桶中间挖了一个小洞,桶上赫然写着"不许偷看"。这反而勾起人们的好奇心,人们纷纷驻足从小洞往里看,原来里面写的是"我店生啤,与众不同,清醇芳香,一杯五元,敬请享用。"人们在大笑之余信步走入小店,饮上一杯啤酒。

(十) 赞助促销策略

公益慈善活动本来是被认为只赔不赚的赔本生意,然而随着人们对这些社会活动的关注与热心与日俱增,赞助公益慈善活动,进行公关促销也成了企业的生财之道。

(十一) 展览促销策略

展览会是公关促销中经常采用的形式,它以其"短平快"和集中影响的宣传促销效果吸引了众多的厂家、商家和广大消费者。各地农产品纷纷亮出自己的绝招,以创新的产品,鲜明的展位和独特的展台设计来吸引观众。

(十二) 教育促销策略

消费者是顾客,不是研究产品的专家。尤其是新产品,消费者并不知道它们的使用价值和使用方法,这就需要企业从产品的基本知识入手,对消费者或潜在消费者进行与产品或服务有关的知识教育、技能教育和观念教育,使消费者接受企业的产品,激发其消费行为。

三、农产品促销策略的选择

(一) 使用价格策略

参与市场竞争对于大多数农产品来说,价格竞争是最有力的竞争手段之一。特别是对于农产品的生产型消费者更是如此,他们的购买量大,很小的价格变动都会引起他们较大的成本波动。经营者在经营自己的产品时,要学会使用价格竞争。如为了刺激消费者大量购买,可以在基本价格的基础上做出调整,给消费者一定的好处,促进销售。对于不同的目标市场、产品形式、销售时间、销售地点实行差别定价,从而满足不同的市场需求,以扩大销售,提高经营者的经济效益。

(二) 选择适宜的促销技巧

指经营者在促销自己的产品时要根据消费者心理动态有针对性地采取促销策略。从消费者购买产品的过程来看,大致可以分成4个阶段,在每个阶段都要使用不同的促销方法。

(1) 寻找产品的阶段 消费者出于某种需求,希望寻找某种产品来满足需求。这时,经营者要积极介绍自己的产品,特别应针对消费者需求来介绍产品的特点,引起消费者的购买欲望。

(2) 比较的阶段 消费者可能要将同类产品做比较,其中主要是比质量、比价格。这时经营者要强调自己产品具有优势的一面,或者给予某种优惠,促成消费者下决心购买。

(3) 购买阶段 要满足消费者在购买时的要求,并且要用热情的态度招呼消费者,希望再次购买。

(4) 评价阶段 有的消费者购买产品后感觉比较满意,可能再次购买,成为"回头客"。这时经营者一方面要热情接待,另一方面可利用"回头客"的良好评价说服其他消费者购买。

总之，在产品促销中，要不断总结经验，提高促销技能，从而取得良好的销售业绩。

(三) 符合消费者的购买心理

面对产品品种繁多的市场，顾客是否购买某一产品，是由其心理动机决定的。分析顾客的购买心理，对生产经营者发现市场机会，采取相应措施促成交易，有重要意义。依据顾客的购买心理可分为如下类型。

(1) 理智型　这类顾客具有一定的产品知识，注重产品性能和质量，讲究物美价廉。

(2) 选价型　一是以价格低廉为选产品的前提条件，对"优惠价"产品感兴趣；二是对高档、高价产品感兴趣，认为一分钱一分货，要买就买好的。

(3) 求新型　这类顾客追求时尚与款式，往往不问价格、质量。

(4) 求名型　崇拜名牌产品，对价格高低并不过多考虑。

(5) 习惯型　顾客对某些厂家、品牌的产品熟悉、信任，或因生活习惯等的不同，形成一种使用某种产品的习惯。

(6) 不定型　不常买东西，对市场情况和产品不熟悉，购买时犹豫不决，反复征求他人意见。

经营者在经营过程中要细心观察，针对不同的购物心理，采取不同的促销策略。

(四) 分析消费者购物习惯

购买习惯主要指顾客"何时购买""何处购买""如何购买"，必须认真分析顾客的购物习惯，搞好农产品的促销工作。

1. 顾客何时购买

每个节假日对哪种产品需求量最大？当地企事业单位每月何时发工资？每周中周几购买人数最多？每天中哪段时间顾客最

多？只有对顾客的消费习惯了解清楚，才能最大限度满足顾客要求，增加农产品的销售数量。

2. 顾客何处购买

包括顾客在何处下决心购买和顾客在何处实施购买行为两个方面的问题。两者可能在同一地方，也可能在不同地方。有些产品经常是在家里做出购买决定，然后再到市场选购。这些产品，应通过电视、广播、报纸、杂志等进行宣传，使消费者对产品的性能、特点、用法、价格、售后服务以及到何处购买等详细了解，使其家喻户晓，从而吸引顾客购买。也有一些产品，是顾客在购货现场临时决定购买的，对这类农产品，要搞好产品的包装、陈列及购货现场的宣传，以刺激消费者的购买欲望。

3. 顾客如何购买

购买方便，是顾客的普遍需求。产品品种、数量、规格多样化，如肉类食品应有鲜货、腌制、卤制等；产品供应在时间上随叫随到，在地点上尽可能就地就近购买；包装易于识别、携带；购买方式多种多样；付款方式上有分期付款、先购物后付款等。对顾客这些购买方便要求，经营者应尽其努力满足，以扩大自己产品在顾客中的影响。

（五）搞好售后服务

搞好售后服务，扩大经营者的影响。经营者要扩大自己的影响，必须搞好产品售后服务。一是做好准备，以便及时、准确地处理好各种询问和意见；二是必须有实效地解决顾客所提出来的实际问题，这比笑脸相迎更为重要；三是提供给顾客多种可供选择的服务价格和服务合同；四是在保证服务质量的前提下，可把某些服务项目转包给有关服务行业厂家；五是不能怕顾客提意见，应把此看成改进自己的产品和服务，搞好生产经营的重要信息来源。

(六) 做好广告宣传

做好广告宣传，扩大产品知名度。广告通过各种方式将产品的性能、特点、使用方法等广泛地向消费者介绍，引起消费者对产品的购买欲望。经营者要制订正确的广告计划，选择适当的广告策略，设计适宜的广告，并选择好广告媒体。

第四章 农产品营销新模式

第一节 直播营销

一、直播的认识

1. 直播的概念

直播是指在现场随着事件的发生、发展进程同步制作和发布信息，其他网民在相应的平台可以观看的具有双向流通过程的信息网络发布形式，主要有电视直播和网络直播两种形式。本书主要偏重后者，网络直播具体可分为现场直播、演播室访谈式直播、文字图片直播、音视频直播或由电视（第三方）提供信源的直播。

2. 直播的特征

随着智能手机的普及以及移动互联网网速的提升，网民的参与度迅速提升，直播具有以下特征。

① 内容及时呈现，持续时间较长。
② 直播具有现场感，满足了观众的好奇心理。
③ 提高了观众的参与度，可更好地进行现场互动。
④ 直播可以激发集体想象力和集体情绪。
⑤ 一般需提前准备。

3. 农产品直播的优势

（1）农产品直播对主播的要求不高　一般来说，直播对主播的要求是比较高的，如形象、口才、专业技能、专业知识等。而农村电商相关的直播受众大多数是农民，农产品直播一般不需要过度包装农民，也不需要高颜值、高技能。

（2）多数农产品属于冲动型购买　大多数商品如包、衣服、鞋子、家电等，消费者一般是有需求了才会去买。而对于吃的东西来说，消费者往往是在没有明确需求的前提下，呈现出冲动型购买，如被外观吸引、被促销吸引等。

（3）农产品是适合团购的商品　冲动型购买特性和跟风效应让农产品成为适合团购的商品。在直播时，主播通过现场介绍和促销宣传，很容易激发消费者的购买欲望。例如，在苹果园直播时，大家一看苹果这么好，就会抓紧抢，一树的果实很快就被抢没了。所以，在做直播时，不需要很大力度的促销活动就可以促成团购。

（4）消费者的购物体验更加真切，对商品的了解更加全面　直播弥补了网购最大的不足，即缺乏购物体验。相较于"图片+文字"的传统电商模式，网络直播能更好地给农产品电商赋能。以"出海捕鱼"为例，大家可以看到真实的海鲜，还能看到捕捞过程，再加上主播的讲解和买卖双方直接的对话交流，让消费者更容易对商品、店铺、生产者产生信任感，通过现场称重和发货，消费者的购物体验更加真切。

（5）在线直播的环节是出色的增值过程　以麻辣小龙虾为例，为什么通过直播卖得更贵？因为消费者通过直播可看到商家真的是"六遍清洗、去虾尾"。更为关键的是，消费者购买的就是自己现在看到的这一锅小龙虾，可以现场下订单、现场制作。这种方式对消费者的冲击力是比较大的。

（6）消费者对于农产品的源头环节很感兴趣　消费者很想知道自己吃的东西到底是怎么来的，这是很关键的因素，如枸杞

第四章 农产品营销新模式

是怎么采摘下来的、小龙虾是怎么清洗的、海参是怎么捕捞的。这些生产制作过程的现场直播能够满足很大一部分消费者的求知欲。

（7）消除食品安全顾虑　对于农产品来说，在线直播是一个商品增值与提升信任的过程。食品安全问题越来越引发人们的重视，通过直播让消费者看到农产品的生产和制作环节，信任问题就会自然而然地得到解决。这也是直播能提高转化率的原因所在。

（8）降低人力成本　传统电商都是商家一对一地对消费者进行讲解，售前咨询压力大，工作效率低。而对于商品的介绍和一些共性的问题，直播可以一次性予以解决，大大提高工作效率，降低人力成本。

二、农产品直播平台的选择

直播已经成为电商、社交、视频等各类线上平台的引流重点，产生了众多"直播+电商"的平台，有的是游戏直播平台，有的是教育培训直播平台，有的是唱歌直播平台，有的是旅游休闲直播平台等。其中，与农村电商关系紧密的平台是抖音、快手、淘宝。

（一）抖音直播功能的开通

抖音在注册成功的同时自带直播权限，通过"创作者服务中心—已开通能力—开始直播—申请直播权限"可进行申请。

开通后，点击首页底部"+"号，滑动页面底部的拍摄模式至"直播"，点击"开启视频直播"即可，开通后可点击"开始直播"进行直播。

（二）快手直播功能的开通

打开快手主页，依次点击"设置—实验室—开通直播"即可开通。开通快手直播需要满足以下 8 个条件。

① 完成绑定手机号。

② 注册时间>7 天。

③ 观看视频时长达标。

④ 发布公开作品≥1 个。

⑤ 作品违规率在要求范围之内。

⑥ 粉丝>6 个。

⑦ 满 18 周岁。

⑧ 实名认证。

满足这些条件才可成功打开直播权限。

(三) 淘宝直播功能的开通

淘宝直播是淘宝推出的直播平台,位于手机淘宝首页,定位于"消费类直播",观众可边看边买,依托自身巨量的流量以及基础客户优势,淘宝直播在电商直播领域排名领先,2019 年,淘宝直播推出独立 App。

淘宝直播的直播号分为两种:一种是店铺直播号,另一种是达人直播号,这两种直播号有非常大的区别,不管是直播的时间长短,还是对于直播上限的要求都是不一样的。

一般情况下,淘宝店铺选择店铺直播号,但是如果这家店铺是网红店铺,那可能就会选择达人直播号。因此,如果你的店铺比较普通,最好选择店铺直播号。

天猫商家申请开通淘宝直播 App 的条件为:店铺微淘账号层级 L1 及以上,同时具有运营能力。

而对淘宝商家申请淘宝直播的条件除了和天猫商家一样具有一定的微淘粉丝量外,还包括如下条件:店铺信用等级需为 1 钻及以上;主营类目在线商品数≥5,且近 30 天店铺销量≥3,90 天内店铺成交额≥1 000 元;本自然年度店铺不存在售假行为;

本自然年度未因发布违禁信息或假冒材质成分的严重违规行为。

三、农产品直播运营方法

直播是一种易于操作和掌握的手段,连接上 Wi-Fi,靠着一部手机,一个小型的直播几乎不产生任何成本,却能够让农民以最直接的方式,将农产品的优点原汁原味地展现给消费者,有利于农产品更好地"走出去"。

(一)直播时的技巧

1. 做好充足的准备

网络直播能够为农产品打开销路,但要想获得好的直播效果,准备和操作的过程是十分复杂的,从选人到场景、流程设计,再到客服和售后……所以,主播要提早计划、精心准备。农业直播要有包装,宣传要有故事性。例如,宣传苹果,可以选择把圣诞节和平安夜作为主题,在苹果上刻上(用特殊工艺)大家定制化的祝福语等;宣传水稻的,可以提前布局,在春天种水稻的时候,把水稻田种成各种图形,在秋天收获的时候就可以通过手机直播风吹稻浪的浪漫场景。

(1)表情动作丰富　在直播的过程中,主播的表情管理是很重要的,主播要尽量表情丰富,配上合适的肢体语言,例如,直播吃酸甜的水果,不仅表情要到位,还要用语言形容出来。如果一直是单一表情,就算面容姣好,也会越来越失去吸引力。

(2)懂礼貌多感谢　主播一定要重视自己房间里面的人。如果有消费者下单或者订购,一定要多谢消费者的信任;而如果有礼物打赏更要说谢谢,或者多聊几句,多赞美,给人一种热情亲近的感觉。

(3)积累直播素材　主播如果有幽默的潜力,就很容易引起消费者好感,也容易让消费者下单。但是许多新手主播本身不够外向，也没有幽默的潜质，那么平时可以多积累一些搞笑的网络素材。例如，当前的热点、一首好听的歌曲、一则幽默的笑话等。同时，主播要紧盯着公屏上的消费者发言，一定要及时回复消费者在公屏上的发言，因为这些消费者可能就是主播的忠实粉丝。

（4）把握直播目的　直播的目的是什么，如果是形象宣传，就要突出宣传的主题，最后结尾的时候，要把宣传内容画龙点睛地概括为一句话；如果是为了实现销售，那就要做好促销、刺激消费，如强调免费包邮、买一赠一等。另外，主播一定要做好售后服务，如物品的外包装一定要体现农业特点，商品的运输、退换货的要求等也要讲清楚。

2. 多种方式推荐商品

个人演讲、与观众互动或者直播商品的采摘过程等形式，都要做到突出商品特点。个人演讲，可以讲商品的起源故事，也可以讲种植技术。与观众互动，可以现场邀请路人、游客参与到直播中，给出评价。当然，这几种方式融合起来效果最好。

3. 在直播现场直接发起团购

在直播现场发起团购，这样做最有吸引力的就是消费者收到的，就是他们通过直播所看到的东西。例如，直播时可以说："我们现在开始订购这棵苹果树，总共可以摘下大概 200 斤①苹果。我们以订单产生的先后顺序为准。"然后，随时播报订单情况以吸引更多消费者参与。

4. 形成自己独特的直播风格

直播的方式要善于变换，主播要多思考勤动脑，可以直播农产品种植环境、采摘过程，也可以直播背后农民的辛苦付出，展

---

① 2 斤 = 1 千克。

示农村原汁原味的乡村生活片段，形成自己的直播风格，坚持走价值道路，走人气道路，不怕没有礼物，不担心没有人下单。主播在直播时应充分展示自身语言的魅力，文明聊天。不论直播怎样变换自身风格，最终的目的是吸引粉丝的关注，形成订单。

5. 邀请"网红"参与农产品直播

邀请"网红"对农产品进行直播，这在一定程度上弥补了农产品标准化不足和安全信任的问题。"网红"用粉丝对他（她）的信任代替了对商品的信任，同时也拉近了"网红"与粉丝之间的距离。例如，2017年5月，某明星在阿里巴巴集团旗下的聚划算团购平台进行直播，短短1小时内，观看人数接近12万人，直接下单柠檬片4 500多件、枣夹核桃2万多件。

(二) 直播时间的选择

1. 轮流直播时段

轮流直播时段主要有上午场—下午场—晚上场（适合于货源充足和店铺运营超优的主播和商家）。

2. 晚上场时段

晚上场时段适合于专业的电商团队、直播团队和高颜值的主播直播，还要有非常坚实的供应链支撑。

3. 夜里场时段

夜里场时段适合于商品单一、内容单一、反应迟钝、不想花太大精力、特别想快速看到效果的商家新手直播。如果选择这个时段开播，建议坚持3个月到半年最佳。

无论是新主播还是"网红"主播，都要避免单天多场直播（30万粉丝以上、日常单场流量过20万除外），每个时段根据自己店铺运营类目、直播栏目，做好规划，可以用3个月的时间沉淀自己，把握自己的时段定位和优势，学会错开高峰期，稳步沉淀自己的粉丝，激活自己的内容优势。

(三) 利用平台规则,提高直播营销效果

以淘宝直播为例,其排名规则是根据淘宝直播间内容质量分来评定的,有一系列的指标可做优化,如淘宝直播点赞ID人均、访客数量、用户停留时间、成交转化率等。

另外一个重要指标就是直播点赞数,这对直播排名很重要,因此主播和商家在直播的时候就要在直播期间引导观众互动。为了鼓励观众互动,还需要制订一个完善的计划发福利、发红包、发优惠券,也就是福利环节。

淘宝直播的观看人数也会影响排名,所以主播要学会吸粉,学会在直播前宣传造势,同时在店铺和新媒体上做好客户运营。最好的方式是自己做一个社群,每次在直播前,给老客户一些尊享的福利,让他们在直播期间一直保持在线。

第二节 短视频营销

一、短视频的认识

(一) 短视频的概念

短视频是一种新型视频形式,其视频长度以"秒"计数,主要依托移动智能终端实现快速拍摄和美化编辑,并可以在社交媒体平台实时分享。短视频融合了文字、语音和视频,可以更加直接、立体地满足用户表达和沟通需求。

(二) 短视频的特征

短视频不只是长视频在时长上的缩短,也不只是非网络视频在终端上的迁移,还具备创作门槛低、互动性和社交属性强、消费与传播碎片化的特征,其具体特征如下。

① 长度基本保持在10分钟以内。

② 整个视频内容的节奏比较快。
③ 视频内容一般比较充实、紧凑。
④ 比较适用碎片化的消费方式。
⑤ 主要通过网络平台传播。

通过短视频呈现农村生活的视觉场景，唤醒受众对乡土生活的记忆，这对于重塑新农村形象、加速推动乡村经济振兴与文化传承具有重要意义。

(三) 短视频的类型

(1) 短纪录片型 短纪录片呈现乡村的生态景观、建筑特色以及日常生活等，聚焦农民的人生百态，具有微观纪实的特点。其内容上也呈现出"微叙事"的特征，对于受众而言，每一条短视频都是独立的短纪录片，真实、鲜活是其不变的底色，直观的画面也使遥远的乡村生活变得生动立体。

(2) "网红"型 除了依靠丰富的视频场景、优质的视频内容，短视频博主在传播活动中也形成了自身鲜明的人物形象与个人品牌，这是内容变现的关键一步。"巧妇9妹"通过视频中呈现自家种植的果园、亲手腌制的家乡特产咸鸭蛋等美食，已经转变成具有个人特色的农副产品品牌。长期以来通过视频"亲眼见证"果树从种植到结果的成长过程，以及所有食物就地取材的真实记录，受众对品牌产生信任与认同。

(3) "草根"型 以快手为代表，大量"草根"借助短视频风口在平台上输出基于"三农"的搞笑内容，这类短视频虽然存在一定争议性，但是在碎片化传播的今天也为网民提供了不少娱乐谈资。

(4) 情景短剧型 陈翔六点半、报告老板、万万没想到等团队制作的内容大多偏向此类表现形式，该类视频短剧多以搞笑创意为主，在互联网上引发了非常广泛的传播。

（5）技能分享型　随着短视频热度不断提高，技能分享类短视频也在网络上引发了广泛的传播。例如，美食制作（如"泥土的清香""西北小强""老农记食"）、大食量吃播（如"苗阿朵美食""陈说美食"），以及主题是农业技术指导的付老师种植技术团队等。

（6）街头采访型　街头采访也是目前短视频的热门表现形式之一，其制作流程简单，话题性强，深受都市年轻群体的喜爱。

（7）创意剪辑型　利用剪辑技巧制作或精美震撼或搞笑幽默，或加入解说、评论等元素等，也是不少广告主利用新媒体短视频热潮植入广告的一种方式。

（四）短视频对于农产品营销的价值

短视频迎来了高速发展期，农产品营销可以与之深度融合，具体体现在以下3个方面。

1. 强有力地推动农产品上行

短视频内容可有机地与电商销售结合，很多短视频平台具备购物功能，可以实现"粉丝变现"。利用短视频进行农产品销售的门槛较低，短视频能做到农产品的种植、加工、包装整个流程的可视化，消费者会更放心地做出选择。"三农"题材类的短视频内容主要表现在乡野美食、农情农务、风土人情、乡土风貌几个方面，这也体现了农村集生活、生产、文化、生态等功能于一体的特征。

"巧妇9妹"作为"三农"创作者的代表，她通过短视频分享自己的农村日常生活，不到一年时间，粉丝数就已经突破了200万。数据显示，2018年整个广西壮族自治区灵山县的荔枝产量大约有5 000万kg，其中质量中上等、适合外销的大约有500万kg，而仅"巧妇9妹"通过短视频引流到电商，就销掉了其中的1/10。

第四章 农产品营销新模式

2. 农产品营销传播速度快，覆盖范围广

与传统营销模式相比，短视频营销病毒式的传播速度，将互联网的优势发挥得淋漓尽致。重要的是，短视频"短"的特点，在快节奏的生活方式下，尤其受到用户青睐。不管是快手还是抖音，只要内容足够精彩，就能在很大程度上引发大量用户的转发，达到大面积传播的效果。

短视频平台除了通过自身平台转发和传播外，还可以与微博、微信等社交平台打通，将内容精彩的短视频通过流量庞大的微博或微信进行传播，进而获得更多的流量，推动短视频传播范围的进一步扩大。

3. 数据效果可视化

短视频营销较传统营销有一个明显特点，就是可以对视频的传播范围及效果进行数据分析，如分析点赞量、关注量、评论量、分享量等。不管是哪一类短视频，都能直观地看到播放量、评论量等数据。运营者可以通过数据分析，分析行业竞争状况，掌握行业风向，调整并及时优化短视频内容，从而达到更好的营销效果。

二、短视频平台的选择

短视频是这个时代的风口和机会，在这样的环境下，众多以短视频为核心的企业进入该领域，形成了短视频的产业链，产生了众多"短视频+电商"的平台，其中与农产品营销关系紧密的是抖音和快手两个平台。

（一）抖音

1. 抖音平台介绍

抖音所属公司为北京字节跳动科技有限公司，和今日头条属于同一家公司，是一款可以拍短视频也可以直播的音乐创意短视频社交软件,该软件于2016年9月上线,是一个专注年轻人的音乐短视频/直播社区平台。用户可以通过该平台选择歌曲,拍摄音乐短视频,形成自己的作品,也可以进行直播。

2. 抖音视频电商入驻

下载抖音App,按要求注册就可以成为会员。如果要在抖音平台开通商品分享功能,需要达到粉丝量、发布视频数及实名认证的要求。

商品分享功能可为农村电商经营者带来以下收益。

① 拥有个人主页电商橱窗。

② 为自己发布的视频添加商品并售卖。

③ 在直播间中添加商品并售卖。

④ 拥有dou+(视频流量推广)功能,可以将自己发布的视频推广给更多的人。

橱窗开通后,点击个人主页头像下方的"我的电商橱窗",然后点击页面右上角的"电商工具箱",依次打开"商品橱窗管理—添加商品—淘宝商品",粘贴橱窗商品淘口令就可以了。添加橱窗商品时需要注意,添加商品所属店铺的DSR评分要高于行业平均水平,或者高于4.7分;添加的商品要开通有效的淘宝客推广;商品标题不能包含非法词语。

(二)快手

1. 快手平台介绍

快手是北京快手科技有限公司旗下的产品。快手的前身叫"GIF快手",诞生于2011年3月,最初是一款用来制作、分享GIF图片的手机应用。2018年9月,快手宣布在未来3年投入价值5亿元的流量资源,助力500多个国家级贫困县优质特产的推广和销售,帮助当地农户脱贫。

2. 快手视频电商平台的入驻

下载快手App,按要求注册就可以成为会员。要想在快手中卖货，就需要开通"我的小店"功能，可直接打开"设置—实验室—我的小店"进行开通。

开通后返回设置，依次点击"我的小店—我的商品"，即可上传商品。上传的商品需要开通魔筷星选、有赞或淘宝，发货收款也可以利用这些平台来进行。

三、农产品短视频运营方法

1. 策划好短视频内容

（1）巧扣热点做好内容策划　什么样的内容观众感兴趣？虽然不同的人有不同的兴趣点，但也有共性，那就是对热点的关注。短视频等的创作，就可以围绕热点展开。一些原产地的名优特产，如果能用短视频的形式，结合时下热点，展示新农民的新面貌，就非常吸引人。

（2）内容体现新农村新风貌　农村现在到底怎么样？这是很多城市人最感兴趣的。在乡村振兴的大背景下，农村正在发生着翻天覆地的变化。用短视频来展示新农村新风貌，是一种很好的营销。好山好水才能出好的农产品，只有充分亮出新农村的"新名片"，才能吸引消费者关注这片土地上出产的优质农产品。新农村的新风貌，可以是农村的人文、农村的田园风光，也可以是农民的精神风貌和农家趣事。

新农村生活的点点滴滴，都是好的短视频素材，都能够对农产品的营销起到很好的促进作用。

（3）乡情就是日常生活　短视频里，除了直观展示乡村场景，还可以表现乡情。乡情可以为农产品的营销打下很好的情感基础。

（4）简洁化、场景化　不同于其他构图精美、镜头质感十足的电影电视作品，农村电商创作者的短视频大多呈现的是简单甚至粗糙的视觉画面，没有精细的剪辑技巧，也没有背景音乐加以渲染衬托。他们用同期声画面呈现出乡村生活的常态，增加了受众的情景代入感和主观体验感。

(5) 直观突出农产品优势　短视频的最大优势是生动直观，一目了然。因此，用短视频进行农产品营销是非常合适的。那么，怎么样拍才能打动观众的心，激发他们的购买欲望？下面以水果为例。

第一，新鲜。产地直销，现买现摘。拍摄水果类短视频可展示果园全景和摘果子的镜头。

第二，好看。很多人吃过水果，但没有见过果实挂满枝头的情景，拍摄可以用近景、中景、远景展示果实挂满枝头的情景。

第三，好吃。好吃是水果最重要、最吸引人的亮点，可以展示现摘水果、当场试吃的情景，对于水果的打开过程用近景展示，表现其多汁的果肉。镜头的冲击力能大大激发观众的购买欲望。

第四，物流保证。新鲜的农产品能快速到达购买者手中非常重要，要有充分的物流保证才能让观众坚定购买的决心。短视频中只要能充分展示农产品的优势特色，并且能保证又快又好地让购买者收到，这样的短视频营销往往能取得不俗的销售业绩。

2. 设置好短视频标题

优秀的标题是整个视频的点睛之笔，也是整个视频创意的凝聚点。短视频标题核心的两个作用：一是让观众有观看的冲动，标题内容精简、描述完整，或留下问题都可以帮助观众提高对视频的理解；二是让平台推荐到精准客户，很多短视频平台的推荐机制是"机器审核+人工审核"。因此，标题中领域精准词汇越高，获得的精准推荐也会越多。

3. 选取好短视频封面

短视频封面一般起着视频预告、补充标题的作用,可以传达文字无法描绘的画面感。一般情况下,短视频将内容核心如场景、人物、事件主体作为封面使用。

(1)封面要清晰明亮,突显情节 短视频封面要尽可能清晰明亮,如果太模糊或太昏暗,会给人粗制滥造的感觉,影响消费者体验。有人物元素,封面要突显故事情节,可以使用故事的高潮部分作为短视频的封面。对于很多直接卖货引流的账号,如美食类,一定要突出刺激点,可以直接截图各色美食的动态图片作为封面,直接放出清晰、诱人的大图刺激观众的眼球和味蕾,以增加播放量和转化量。

(2)排版要层次分明,布局合理 封面的排版和布局要层次分明,不要与视频的其他元素相互阻挡。农产品的短视频封面最好使用固定风格,以加深观众的印象,制作也省心。例如,封面放视频主角或者品牌元素形象,增强观众注意力。字号一定要大,一般使用 24 号字,字数控制在 10 个字以内,粗体或者描边,居中显示。

(3)运用动态贴纸元素,提升视频理解 短视频封面运用动态图片或者贴纸,可以丰富画面效果,渲染环境氛围,增强核心观点的可视性,帮助观众捕捉内容亮点,也可以对视频中的商品、互动信息操作进行引导强化。

4. 配置好短视频背景音乐

对于一个视频来说,听觉感知是非常重要的一环。在短视频中,创作者通过人声讲解内容、建立人设,同时通过音乐带动内容、唤起情绪。创作者首先要把握视频的内容,根据内容选择最合适的音乐,现有音乐多是围绕场景标签归类(如轻松、抒情)的,匹配精准度有限。为保证准确性,可以综合乐理知识找到节奏、旋律、和声3个可量化的特征进行相似匹配。

对于热门音乐，创作者可通过监测音乐的发布时间和使用人数，实时更新热度正在飙升的背景音乐（包含段子配音等），越早使用具有热门潜质的背景音乐，越有可能获得流量曝光和推荐。有音乐天赋的人还可以制作原声音乐。

第三节　社群营销

一、社群和社群营销

（一）社群

1. 社群的概念

社群是互联网时代前的产物，社会学家瑞格尔德在1993年率先提出了"虚拟社群"概念，意指"一群通过计算机网络连接起来的突破地域限制的人们，通过网络彼此交流、沟通、分享信息与知识，形成具有相近爱好的特殊关系网络，最终形成了具有社区意识和社群情感的社群圈"。

社群，简单讲就是一个群，但是社群还有一些自己的表现形式。例如，我们可以看到社群要有社交关系链，不仅只是拉一个群而是基于一个点、需求和爱好将大家聚合在一起，要有稳定的群体结构和较一致的群体意识；成员有一致的行为规范、持续的互动关系；成员间分工协作，具有一致行动的能力，这样的群就是社群。

2. 社群的构成

一个社群由同好、结构、输出、运营、复制5个方面构成。

（1）同好　社群构成的第一要素——同好，它是社群成立的前提条件。所谓"同好"，是对某种事物的共同认可行为。可以是基于某一个产品,如苹果手机、锤子手机、小米手机;可以基于某一种行为,如爱阅读的读书交流会;可以基于某一种标签,如星座、某明星的粉丝;可以基于某一种空间,如某生活小区的业主群;可以基于某一类三观,如"有种、有料、有趣"的"罗辑思维"。

(2) 结构 社群构成的第二要素——结构,它决定了社群的存活。很多社群为什么会很快走向沉寂,是因为最初就没有对社群的结构进行有效规划。社群结构包括组成成员、交流平台、加入原则、管理规范,这4个组成结构做得越好,社群的存活时间就越长。

组成成员:发现、号召起那些有"同好"的人抱团形成金字塔或者环形结构。最初的一批成员会对以后的社群产生巨大影响。

交流平台:找到成员后,需要有一个聚集地作为日常交流的大本营,目前常见的有QQ、微信等。

加入原则:有了元老成员,也建好了平台,慢慢就会有更多的人慕名而来,那么就得设一定的筛选机制作为门槛,这样既可以保证质量又可以让加入者由于加入不易而格外珍惜这个社群。

管理规模:人越来越多后就必须有管理,否则大量的广告与灌水行为会让很多人选择屏蔽。所以,一要设立管理员,二要不断完善群规。

(3) 输出 社群构成的第三要素——输出,它决定了社群的价值。所有的社群在成立之初都有一定的活跃度,但是若不能持续提供价值,群的活跃度就会慢慢下降,最后沦为广告群。没有足够价值的社群迟早会成为"鸡肋",群主和群成员就会选择退群或者解散群。也会有一些人再去加入一个新的"好"群或选择创建一个新群。

还有另外一种情况是群成员也不退群,继续留在这个群,他会看一看这个群能不能够带来价值,如果观察一段时间以后,发现自己在群内并没有得到真实意义的效用,这个群完全不能给他带来想要的东西,就会在这个群里捣乱(发一些广告信息),因为他已经不在乎会不会被踢出这个群,发一些广告也许还能拿回一点沉淀的时间成本。

为了防止这种情况发生,好的社群一定要能够给群员提供稳定的服务输出,这才是群员加入该群留在该群的价值。另外,"输出"还要衡量群员的输出成果,全员开花才是社群。

(4) 运营 社群构成的第四要素——运营,它决定了社群的寿命。不经过运营管理的社群很难有比较长的生命周期,一般来说从始至终通过运营要建立"四感"。

一是仪式感,例如,加入社群要通过申请、入群要接受群规、行为要接受奖惩等,以此保证社群运营规范。

二是参与感,例如,通过有组织的讨论、分享等,以此保证群内有话说、有事做、有收获的社群质量。

三是组织感,例如,通过对某主题事物的分工、协作、执行等,来保证社群的战斗力。

四是归属感,例如,通过线上线下的互助、活动等,以此保证社群的凝聚力。

(5) 复制 社群构成的第五要素——复制,这决定了社群的规模。

由于社群的核心是情感归宿和价值认同,那么社群越大,情感分裂的可能性就越大,能够做到规模巨大还能情感趋同的,好像只有宗教了。一个社群想要复制多个平行社群形成巨大的规模,在真正做出此举之前,请先思考3个问题。

问题一:是否已经构建好自组织?要考虑是否具备充足的人

力、物力、财力。不能过于围绕中心展开，但也不能完全缺乏组织。

问题二：是否已经组建了核心群？要有自己一定量的核心小伙伴，他们可以作为社群的种子用户参加，引导社群往良性的方向发展。

问题三：是否已经形成了亚文化？要形成一种群沟通的亚文化，如大家聊天的语气、表情是否风格一致？这都是社群生命力的核心。

（二）社群营销的兴起

网络社群的概念是由于 Web 2.0 的发展及社交网络的应用才逐步流行起来的。从 SNS（社交网络服务）发展的时间上推测，网络社群的概念出现在 2006 年前后，社群经济、分享经济等概念也是在同样的背景下逐渐被认识的，可见社群是以社交化为基础的。

社群营销就是基于相同或相似的需求，通过某种载体聚集群成员，通过产品或服务满足群体需求而产生的商业形态。将有共同兴趣爱好的人聚集在一起，将一个兴趣圈打造成为消费家园，如猫扑专门为七喜建立了一个品牌俱乐部，而且使 Fido Dido（七喜小子）这个七喜独有的虚拟形象在网友群体里得到了最大化的延伸。社群营销的载体不局限于微信，各种平台都可以做社群营销，如论坛、微博、QQ 群，甚至线下的社区，都可以建立社群。

此外，也可以通过组建社群为企业做宣传活动，让社群形成一个宣传途径或者一个小的发布平台，不过这种性质的社群依赖于群主对群的组织和维护能力。目前向群主提供这种"群"变现帮助的有微社群联盟等，它基于连接各个微信群的功能，通过对外统一接单，向各个加盟群下单，并帮助群主维系群稳定和群关系联盟平台。

二、社群运营平台的选择

当前互联网比较主流并且适合社群运营的几大平台有 QQ、微信、微博、百度贴吧、陌陌、知乎、豆瓣等。不同的平台有不同的优势和缺点，选择社群运营平台时，应该根据自己所创建的社群的属性、目标群体、社群类型等进行选择。下面就选择最常见的微博、微信、QQ 等平台进行讲解。

（1）微博平台　微博平台汇集了大量明星、品牌与草根粉丝，因此如果社群的活动众多，受众群辐射全国，那么微博显然是最佳的选择。通过官方账号发布活动、预告等，引导社群进一步转化互动，甚至可以直接发起大规模活动，这是微博平台的突出优势。

微博平台的场景建设，主要侧重于粉丝、兴趣爱好，并且不被地域所限制。同时，微博用户还会不断创造 UGC（用户生成内容）内容，有利于社群的内容传播，出现裂变式效应。在特定兴趣和特质的关系群体中通过信息的交流与互动，进行信息分享、价值互通和增值，会给微博平台带来非常丰富的场景。

与社群用户进行丰富互动，是微博平台的主要社群运营模式。除了基础转发，在微博平台需要做的还有很多，微博平台具有转发、话题讨论、分享和有奖转发的功能。这些功能都必须灵活掌握，从而更好地服务于社群。

转发：发现热门话题，一键转发，吸引更多网友互动，从而给微博用户曝光的机会。

话题讨论：设定话题，鼓励网民参与讨论，如临近"十一"长假时，发起"随手拍美景"的话题。

分享：每天发布与品牌相关的内容，如"×××品牌你不知道的小秘密""轻松动手,让手机变行车记录仪"等,给社群粉丝带来惊喜。

有奖转发:定期发布有奖转发活动,给予粉丝一定的物质奖励,并借助参与者的"@"功能,吸引新的粉丝扩大社群规模。

(2)微信平台 微信作为个人即时通信工具,与微博相比,其私密性更加突出。例如,微信公众平台所发布的内容,只有关注的粉丝才能直接看到。同时,相比微博的字数限制,微信公众平台可以发布较长的深度内容,因此具备与微博不同的传播模式与效率。那么,什么样的社群适合在微信平台开展活动呢?这里总结了以下3类适合在微信平台开展运营的社群。

① 圈子类,微博主打"半熟社交",好友之间不一定在现实中相互认识;微信则不同,微信中的大部分好友都相熟,甚至为身边的好友。因此,圈子类社群最适合选择微信平台,例如,服务于广告人的大统计软件、服务于教师群体的课程分享品牌等。一旦社群粉丝在朋友圈分享,那么圈子里的人就会第一时间看到,并且选择阅读、关注或者成为粉丝。

② 产品类,相比微博平台,微信平台的产品类社群更加侧重于深度解析,以活动为辅。尤其是对产品较为丰富、产品更新较快的品牌来说,深度测评、解析类文章非常适合微信平台。微博侧重分享、交流与互动,微信侧重评测、解析,从而能形成各自清晰的社群模式,创造出主题一致、风格迥异的场景模式。

③ 内容类,移动互联网的蓬勃发展,促成了一个全新名词的诞生——自媒体。独立挖掘选题、独立编辑,挖掘更深层次、主流媒体不易发现的内容,这是自媒体的主要特征。自媒体主打"内容为王",因此微信平台就成了非常好的传播渠道。

除以上3类社群,其他诸如餐饮类、服务类,同样适合于微信平台。例如,黄太吉煎饼、雕爷牛腩,都依靠微信平台打造出了让人过目不忘的社群场景与社群文化、趣味性、情感属性等，因此微信平台带来的不只是产品，更是其背后所承载的感情要素。当社群用户置身于这样的场景之中，被内容所带动时，就会愿意主动分享，从而更大程度地激发社群活跃度，甚至直接变现，为销售带来直接的提升。

（3）QQ平台　QQ作为国内即时通信类软件市场规模最大的网络社交平台，月活跃用户超过8亿，是运营人员不可忽视的重要社群运营平台之一。尽管微博、微信的出现给QQ带来了不小的冲击，但QQ凭借其所拥有的数以亿计的海量用户基数、丰富的功能、跨平台操作的优势，依然占据着通信社交类软件的龙头地位。

QQ平台的最大优势在于既可以点对点聊天（好友之间），也可以点对多聊天（QQ群），签到、群论坛、公告、相册、群直播等功能一应俱全，几乎能满足所有场景建设的需要，大大超越微信的场景设置功能；同时，QQ作为即时通信软件，比微博更具效率，活跃度高，非常适合话题讨论等。QQ社群主要有以下6种类型。

① 培训类社群，群视频可以轻松满足视频授课的目的，同时，最新上线的"作业"功能，还可以让讲师第一时间针对学员布置功课。

② 分享类社群，群文件提供的空间，可以让成员将内容迅速上传并分享出去。

③ 知识类社群，群论坛、群相册、兴趣部落可以在及时讨论的基础上，进一步长期深层次讨论。

④ 娱乐消费类社群，群支付、AA收款等功能，可以轻松实现收费、变现的目的。

⑤ 垂直类社群，可以通过投票轻松确认线上、线下活动主题。

⑥ 地域类社群，通过群活动的快速设置，即可以迅速开展成功的线下见面交流会。

由此可见，地域类、垂直类以及培训类社群，都可以借助QQ平台实现场景化社群营销的目的。同时，腾讯公司对QQ软件全新的升级与改造，使其社群属性更加彰显。所以无论运营哪一种类型的社群，运营人员对于QQ平台都应予以重视。尤其是初创的社群，更是应该将QQ平台作为开展社群活动的主要阵地，深度挖掘QQ平台的功能和场景，提高社群运营的效率。

三、农产品社群营销策略

（一）选择品质好、价值高、颜值高的产品

不是所有的产品都适合社群营销，不是所有的产品都必须做社群营销。做好社群营销应该选择什么样的产品？

一般来说，如果选择价格太高的产品，消费者接受速度慢，培育期就过长。但如果推广低端产品，利润空间又太低。所以，社群营销可以选择中档产品。

选择高性价比产品。随着消费的不断升级，消费者在用自己的主权思想选择适合自我的产品。因此，产品要回归本质，要突现价值，要用产品说话，让消费者对产品首先有感觉。

（二）形成后台硬、前端精、地方强的组织架构

一是要对产品营销进行顶层设计，要站在产业的高度，运用系统思维，对产品营销的点、线、面以及各要素统筹规划，以便集中优势资源。二是要具备可操作性，实践性强，简单有效具体化。一个优秀的社群组织要形成后台硬、前端精、地方强的组织架构。

（三）按步骤卖货、聚粉、建平台

社群营销要围绕12个字操作，即认知盈余、价值范式、扭曲立场。认知盈余是指给消费者购买的理由,由消费产生认知,由认知产生广泛口碑。价值范式则是指形成一整套推广标准的方法,让消费者能通过推广方式,就能识别出品牌。扭曲立场是指消费者在认可产品和推广方法之后,转变原有立场转而消费自己的产品。

社群营销过程可以分为卖货、聚粉、建平台 3 个步骤。

"卖货"必须做到销量与发展粉丝并重,从具体分类来说,可以将粉丝分成 4 类,即投资型、传播型、迭代型和反向型。投资型粉丝有势能、高消费、传播具有一定威信,可以相应地给更多政策和红利;传播型粉丝有圈层、传播速度快且积极,是主要的中层消费者;迭代型粉丝懂常识、消费稳定,这类粉丝一旦说服,忠诚度会比较高;反向型粉丝有圈层,这类消费者传统思想比较严重,比较好面子认品牌,一旦突破,将有意想不到的效果。

卖货、聚粉十分重要,是打响社群营销战役的关键,但建平台则是社群营销做大的重点。

在平台的运作中,要注意以下 5 点。

第一,确定统一的领袖人物及社群价值观。

第二,建立完善的组织架构,即后台硬、前端精、地方强。

第三,要适时进行产品升级迭代。

第四,做到头号传播权占领。

第五,借用互联网的力量。

(四) 推广五大圈层引爆区域市场

社群推广要审时度势,在碎片化时代,要形成对圈层的突破力量。

1. 新势力圈

此圈层是当地最为活跃而且最具健康消费理念的圈层,他们富有个性却不张扬,具备实力同情弱小,思想新潮观念领先,既认同品牌又有自己的判断力,价值性与实用性兼顾。

2. 亲友圈

由于亲友圈属于比较强的关系,在粉丝运营中属于铁粉,因为信任度高,即使没有利益,也会基于亲友关系极力推动。所以亲友圈转化率比较高,既是消费者又是推广者,是产品短期冲量的最佳选择圈层。

3. 传播圈

传播圈一般是指从事传统媒体和新媒体的从业者。这个圈子虽然不是单一品牌的消费力量,但是他们接触人脉广和圈内传播多,是口碑放大的助推圈层。借用新媒体圈层的快速传播制造流行,从而在区域市场放大传播价值。

4. 大众圈

无论是大众品牌还是奢侈品,群众基础尤为重要。在大众圈需要做的主要工作是:制造流行、保持超值、与时俱进、回报大众。

5. 商业圈

社群要与当地的粉丝、合伙人以及经营者建立起牢固的合作基础,做到合作共赢,利益共享,从而让每个经营者都成为其品牌的区域代言人,形成"一荣俱荣、一损俱损"的利益共同体。

第五章 农产品品牌创建概述

第一节 认识农产品品牌

一、农产品品牌的概念

农产品品牌是指用于区别不同农产品的商标等要素的组合，如蒙牛、伊利等。我国农产品买方市场逐渐形成以及农业产业化的发展使农产品的市场竞争日益激烈，竞争形式不断创新，大量外来名牌农产品对我国农产品市场造成强烈的冲击。农产品品牌已经成为农产品取得市场竞争优势的重要手段。但是，相对于工业产品而言，农产品生产受自然环境因素的影响较大，具有季节性、地域性、周期性、质量不稳定等特征，因此给农产品品牌建设带来一定的困难。

农产品品牌不等同于农业品牌。农业品牌是指农业领域内，主体之间用于区别本地域、本企业、本企业产品等资源与产品的所有标志、名称等标志性符号。农业品牌的外延要大于农产品品牌，农业品牌主要包括农业生产资料品牌、农业生产产品品牌（农产品品牌）、农业生产服务品牌，消费者最关心的是农产品品牌。

二、农产品品牌的特征

1. 农产品品牌的价值性

品牌拥有者可以凭借品牌的优势不断获取利益,可以利用品牌的市场开拓力形成扩张力。2022年5月10日是第六个"中国品牌日",当日,第七届中国果业品牌大会召开,2021中国果品区域公用品牌价值评价结果发布,烟台苹果以150.34亿元的评估价值位列全国第一,如表5-1所示。

表5-1 2021中国果品区域公用品牌价值评估结果

排序	省份	品牌名称	品牌价值/亿元
1	山东	烟台苹果	150.34
2	新疆	库尔勒香梨	127.52
3	陕西	延安苹果	76.48
4	陕西	咸阳马栏红	69.14
5	山东	栖霞苹果	68.29
6	河南	灵宝苹果	66.33
7	陕西	白水苹果	59.99
8	陕西	周至猕猴桃	58.28
9	山西	运城苹果	56.01
10	山东	烟台大樱桃	55.96

2. 农产品品牌发展的不确定性

品牌建设过程中,市场环境多变,消费者的需求不断发生变化,产品质量管理中偶发的一些问题,导致农产品品牌价值可能增加,也可能缩小,甚至在竞争中退出市场。例如,某集团的瘦肉精事件,事件发生后,国内整个肉制品行业受到沉重打击,产值萎缩过半,品牌价值一夜之间大大贬值。

3. 农产品品牌效应的外部性

农产品品牌效应的外部性表现在以下3个方面。

(1) 地域品牌产生的外部性　地理标志产品的质量或特征主要或全部源于地域环境，包括自然因素和人文因素，地理标志是公共物品，具有外部性。如烟台苹果、莱阳梨等农产品的地理品牌，不仅为烟台、莱阳本地农产品带来较高收益，而且还为山东省农产品在全国树立了好的口碑，提升了山东省农产品在全国的知名度。再如，寿光"乐义"牌绿色蔬菜不但为本企业赢得了消费者，而且为整个寿光蔬菜唱响中国都做出了贡献。

(2) 绿色食品以及有机食品等品牌称号产生的外部性　这些概念构成了食用农产品安全生产的基本框架，是政府为了解决日趋严重的农产品质量安全问题而推行和倡导的政府行为。由于政府及社会各界的宣传推动了绿色消费的时尚潮流，绿色食品与有机食品在市场上更容易获得认同，使用绿色食品与有机食品标志的产品能够以比较高的价格销售。绿色食品与有机食品标志是一种品牌形象，而且是获得认证农产品的整体品牌，其标志具有外部性，使农产品生产者一旦获得认证，就得到了免费的利益。

(3) 某个品牌产生的外部性　品牌具有引领时尚的倡导作用。如伊利的"大草原"品牌概念的传播，使消费者对该类产品形成了某种认知。对同业企业，如果在品牌主题中都过度强调某一自然特征，那么这一自然特征就会在消费者心中形成认知，这种品牌概念由于具有一般特征而不具有企业特征，而成为整个行业的共同资产。

4. 农产品品牌的表象性

品牌是企业的无形资产，虽然不具有独立的实体，不占有空间，但它最原始的目的就是让人们通过一个比较容易记忆的形式记住某一产品或企业。因此,品牌必须有物质载体,需要通过一系列的物质载体来表现自己。品牌的直接载体主要有文字、图案和符号,间接载体主要有产品的质量、服务、知名度、美誉度、市场占有率。没有物质载体,品牌就无法表现出来,更不可能达到品牌的整体传播效果。

三、农产品品牌的类型

农产品品牌按照不同的分类标准,有不同的分类结果。

1. 以品牌范围作为分类标准

农产品品牌有区域农产品品牌、区域农产品名牌、全国农产品名牌、国际农产品名牌。区域农产品品牌是指在某一地区使用,还没有形成知名度的品牌,一般都是新注册的品牌;区域农产品名牌是指在某一个地区具备一定知名度的品牌,根据区域大小,区域农产品名牌又可分为县市级农产品名牌、地市级农产品名牌、省级农产品名牌等;全国农产品名牌是指在全国范围内有知名度的品牌,如"蒙牛"牛奶等;国际农产品名牌是指被世界公认的、广泛得到认知的品牌,如"雀巢"咖啡等。

2. 以所处市场地位作为分类标准

根据所处市场地位的不同可分为领导型农产品品牌、挑战型农产品品牌、跟随型农产品品牌、补缺型农产品品牌。领导型农产品品牌是指某行业中市场份额最大的品牌,如食用油行业中的"鲁花";挑战型农产品品牌,指在本产品所在的行业中处于非领导地位,但有能力又有实力向领导型品牌发起挑战的农产品品牌,如胡姬花、金龙鱼等;跟随型农产品品牌指行业中处于跟随地位的、无法对领导型品牌构成竞争威胁的品牌;补缺型农产品品牌指某一行业,只占领某一不被市场主导品牌注意的细分市场的品牌。

3. 以产品所处生命周期作为分类标准

产品生命周期是指产品从进入市场到退出市所经历的市场生命循环过程，包括介绍期、成长期、成熟期和衰退期。根据这一标准，农产品品牌可分为介绍阶段农产品品牌、成长阶段农产品品牌、成熟阶段农产品品牌和衰退阶段农产品品牌。介绍阶段农产品品牌是指处于农产品品牌建设初期，在市场上使用时间较短的农产品品牌；成长阶段农产品品牌是指已经被市场广泛认可，迅速成长的农产品品牌；成熟阶段农产品品牌是指品牌成长到一定时期，有足够大的市场占有率和知名度，再成长比较困难的农产品品牌；衰退阶段农产品品牌是指没有创新产品，且被消费者抛弃的农产品品牌。

4. 以品牌内涵差别作为分类标准

农产品品牌可分为狭义农产品品牌和广义农产品品牌。狭义农产品品牌仅指农业企业为自己的产品注册的产品品牌，有时简称农产品品牌（或产品品牌）。如"乐义"牌蔬菜、"胡姬花"花生油等。广义农产品品牌是指所有能够体现农产品质量、功能等属性的标志，包括农产品的质量标志、种质标志、集体品牌和狭义的产品品牌等。

5. 以品牌模式作为分类标准

农产品和一般的工业产品不一样，产品模式较少，主要有产地品牌、品种品牌、企业品牌和产品品牌4种。产地品牌指拥有独特的自然资源以及悠久的种养殖方式、加工工艺历史的农产品，经过区域地方政府、行业组织或者农产品龙头等营销主体运作，形成明显具有区域特征的品牌，如西湖龙井、库尔勒香梨等。品种品牌是指某一类农产品中的特色品种，不仅可以成为品牌，还可以注册商标，如彩椒、糖心苹果等。企业品牌是指以农产品企业的名字注册商标，作为农产品品牌来打

第五章 农产品品牌创建概述

造，如中粮大米、雀巢奶粉等。产品品牌是指对于单——一个或者一种产品起一个名字，注册一个商标，打造一个品牌，如"咯咯哒"鸡蛋。

四、农产品品牌建设的作用

（一）创建农产品品牌是农业产业化经营的必然要求

现代农业产业化有多种实现模式，但基本的要求是实现农业的产加销、贸工农一体化，通过延伸产业链和规模化经营、标准化生产实现农业增效，提高农业的技术装备和科技水平。在推进农业产业化经营的过程中，加强农产品品牌创建是一项不可或缺的战略任务。实施农产品品牌战略，不仅有助于提高生产经营者的管理素质和技术素质，加快技术进步，有助于优化农业资源配置，促进产业结构优化，还可以农产品品牌建设为突破口，改革传统生产方式和管理手段，合理利用和保护农业资源，实现发展经济、保护环境的可持续发展目标。

（二）品牌化经营是农业产业化龙头企业做大做强的基础

现代农业产业化的发展主要依赖农业龙头企业的带动作用，而品牌化经营是农业龙头企业做大做强的前提条件。第一，农业龙头企业必须创建自己的品牌，并逐步塑造品牌形象，才能赢得消费者的信任，打动消费者的购买情感，才能有稳定的市场，并逐步扩大市场占有率。第二，创建农产品品牌必然以农产品"质量"为核心，按照品牌的质量标准组织生产、优化品种、提高质量、精深加工、精美包装，从而才能树立品牌形象和信誉。第三，农产品品牌化经营的目标是提高农产品的附加值，而且品牌的价值就在于它可以稳定商品的市场价位和创造新的价值。实行品牌化经营可以使现代农业产业化项目的经济效益稳步上升，资产不断升值。

(三) 农产品品牌化有助于增强现代农业产业化项目市场竞争力

随着我国经济的发展,人们的购买力水平大幅提升,消费者开始逐渐青睐品牌农产品,农产品销售的竞争将进入"品牌时代"。实施农产品品牌战略,可以通过农产品的整体品牌形象,充分展示农产品的特色,扩大农产品的销量,走"以质量求生存,靠品牌抢市场"的发展之路。同时,品牌农产品以企业信誉作担保,以品牌作为质量标志,给消费者提供品质上的保证,降低消费者的购买风险。此外,品牌可以作为质量之外的风味、口感等指标的选择标准,增加产品的顾客让渡价值,培养大批忠于品牌的消费者。通过品牌建设赢得购买者的信赖,赢得市场,可以让农业产业化项目具有立于不败之地的市场竞争力。

(四) 农产品品牌化有助于农业增效和保障农民收入

促进农业增效和农民增收是推进农业产业化经营的主要目的。农业产业化的实践证明,农产品品牌建设是实现农业增效和农民增收的长久之计。一方面,产业化农产品以品牌的鲜明特征进入市场,有利于建立长期稳定的销售渠道和网络,并建立有效的市场沟通协调机制,不仅能使农产品生产者与农产品市场保持较快的信息沟通,以适应市场的变化,而且长期稳定的销售渠道和网络有助于保持农产品销售量的稳定,还可以发展订单式农产品,有效规避农产品的市场风险;另一方面,农产品常常因为供求关系的周期性变化,导致价格的大起大落,出现增产不增收的现象,而品牌农产品可以在一定程度上抵御这种市场风险,防止农产品价格出现大幅波动,保持农产品价格的基本稳定。此外,品牌农产品具有更高的附加值和溢出效益,有利于实现农业企业增效和保障农民增收。

现代农业产业化、品牌化经营就是农业企业化、规模化和集约化经营，通过农业产业化龙头企业的带动，推进"一村一品、一乡一业"的专业化生产、规模经营、区域化布局、社会化服务，采取贸工农相衔接，种养相协调，产供销一条龙经营模式，形成龙头企业带基地、带农户的经营管理体制和运行机制，形成大市场、大流通和大产业的现代农业产业化布局。农业产业化+农产品品牌化，可以让农产品外具形象，内具质量，形成拳头产品，立于市场不败之地，使农业经营者获得长期稳定的收益，不断促进农业的扩大再生产。

第二节 农产品品牌建设存在的问题及对策

一、农产品品牌建设问题

(一) 农产品品牌意识淡薄

我国各地农产品丰富，具有地方特色的名特优农产品和"老字号"农产品数量众多，但许多农产品的生产者品牌意识不强，甚至没有品牌意识，没有意识到这些传统优势农产品所蕴含的巨大经济潜力，没有认清品牌在提升农产品档次、提高市场竞争力和市场价值方面的巨大作用，没有把品牌看作是影响自身长期发展的资源，认为品名、商标、标志等品牌要素是外在形式，没有意识到品牌是生产者和产品走向广阔市场和获得消费者广泛认知的通行证，以致诸多名特优农产品尚无品牌，在市场上没有"名分"，与一些不同品质的农产品在市场上鱼目混珠，丧失市场销售的优势定位。

(二) 对农产品品牌的内涵建设重视不够

我国地域辽阔，自然条件、自然资源差别较大，形成了农产品的形态、营养成分、口感的区域差异,这些差异实际上是农产品不可多得的品种资源。而农产品生产者在农业发展项目中没有很好地依托区域优势资源,发展特色地区农业。在创建农产品品牌时,没有注入地方特色品种和产业文化,丰富农产品的文化底蕴,忽视了农产品品牌文化内涵的研究挖掘和建设深化。

(三) 品牌营销手段缺乏

我国农产品品牌的营销手段与国外农产品品牌的营销手段有较大差距。品牌所有者的品牌营销意识淡薄、手段缺乏,导致品牌的认知度低,销售增值乏力,品牌价值提升的空间有限,在激烈的市场竞争中很容易被竞争对手抢占先机。

品牌营销的手段多种多样,一个成熟的品牌,必定是公关、事件、媒体等多种营销方法的集合。综合运用产品的独特设计、广告的新颖、媒体的恰当传播、最佳的投入时机、个性化的包装装潢,形成强有力的品牌营销组合手段,不断塑造品牌的活力,让品牌能跨越生命周期永葆青春。品牌承载着消费者的心理认同与归属,以品牌营销为基础形成的市场知名度和美誉度,是产品和消费者之间沟通的桥梁,是抢占更多市场份额,实现销售持续增长的独门武器。

(四) 农产品品牌质量和信任度不高

质量是产品的生命线,农产品也不例外。产品质量是树立农产品品牌形象的根基,是赢得消费者信任的主要原因,这两个因素直接影响和决定着重复购买行为,影响着品牌的认知和传播。目前,有些农产品的质量与品牌质量不符合,参差不齐,品质的稳定性较差,导致消费者对品牌标志的真伪以及是否符合质量安全标准产生怀疑,降低了消费者对品牌的信任。

(五) 政府对农产品品牌的引导和扶持政策落实不够

许多地方政府对农产品品牌建设给予了高度关注,制定了一些地方性的政策和指导性意见,但有些措施没有落到实处,农产品品牌建设缺少专业人才,缺少专业化的社会服务组织,没有加强这方面的专业培训,导致品牌建设在品牌策划、品牌推广等方面存在不少问题,而政府和相关职能机构在这些方面存在缺位现象,引导的作用没有发挥,扶持政策落实不够。

二、加强农产品品牌建设的对策

当前,我国农业产业化正处在加速发展的进程中,在市场竞争日益加剧的现实背景下,实施农产品品牌战略是农业企业和生产者的现实选择。现针对目前农产品品牌建设中存在的一些典型问题,提出以下对策和措施。

(一) 强化品牌意识,找准品牌定位

品牌是商品及其生产者或者经营者的标志和形象信誉的表现。农业产业化龙头企业必须强化品牌意识,充分认识到品牌在市场竞争和企业发展中的巨大作用。树立强烈的品牌意识是实施品牌战略的基础,品牌创建的成功与否取决于企业家和管理层的品牌意识如何,决定了品牌战略的制订与实施,关系到品牌建设的力度和深度。同时,在制订品牌战略时,关键是要选准品牌的市场定位,从占领目标市场出发,瞄准和抓住目标市场购买者的消费心理。农业产业化龙头企业和生产者要通过分析市场消费趋势和竞争态势,选择能发挥自身优势的策略,为自己的品牌在市场上选准一个明确的、符合消费需求的、有别于竞争对手的品牌定位。

(二) 依托优势资源,发展特色农业

农产品生产受到自然条件的深刻影响。由于不同地域的自然条件、优势资源和种植习惯的差异,形成了农产品的区域特色和比较优势,进而可以在市场上转化为市场优势。因此,在发展农

业项目中要充分依托并整合区域优势资源,发展特色农业,培育主导产业,使其形成规模和特殊品质;在创建农产品品牌时,也要挖掘利用好地方的历史、文化、人文等资源,把地方特色文化元素注入其中,丰富农产品的文化底蕴,提升品牌的文化品位,使消费者在获得物质享受的同时,也获得精神文化上的享受。

(三) 融合农产品销售渠道和品牌传播渠道

品牌影响力的扩大与和产品销售在方向、目标、渠道等方面存在着高度的一致性。为此,要积极探索农产品销售渠道和品牌传播渠道的融合,不断创新农产品分销传播渠道,进一步拓展"农-超"对接、直销专卖、订单营销、网络营销、农产品会展、观光农业和知识营销等渠道,扩张农产品品牌传播空间。要迎合网络直销的发展趋势,建设好网上销售平台,减少农产品的中间流通环节,提高流通效率,降低流通成本,形成价格优势。使农产品以较快的流通速度和具有优势的价格直接呈现给广大的消费者,更快、更有针对性地把农产品及其品牌信息广泛地传播。同时,要加强农产品的质量管理和物流管理,保证农产品的质量安全,保障产品的及时供应,保护品牌好的声誉。

(四) 建设好品牌农产品的质量标准体系

建设好品牌农产品的质量标准体系,有利于加强品牌农产品的质量管理,保障农产品的质量、档次和安全性,从而获得较高的品牌知名度和美誉度,提高品牌农产品的社会信任度。建立品牌农产品质量标准体系,就是以质量为中心,以市场为导向,以科技为动力,以生产为基础,以农产品的等级制度为重点,建立农产品生产、加工、储藏、销售全过程及生产作业环境和安全控制等方面的标准体系,把农业生产的产前、产中、产后各环节纳入标准化管理,逐步形成与行业、国家、国际相配套的标准体系。农业产业化龙头企业应当树立强烈的质量意识,把品牌建设与质量标准管理结合起来，严格按照质量标准体系管理整个产业链，从根本上保证农产品的质量和安全，赢得消费者的信赖。

（五）加强政府引导，落实好扶持政策

政府部门要积极介入当地农产品的品牌建设，作为惠农、强农的具体措施，采取政策鼓励、宣传倡导、财政补贴、产品评比等方式营造良好的品牌建设氛围。与此同时，政府还应在管辖区域内，积极传递市场信息，整合传播媒体资源，协助农业龙头企业或农业经营主体进行品牌宣传和公共关系活动，要积极培育能够服务品牌建设的专业化社会组织，提供品牌建设的各类专项服务，加强品牌建设专业知识培训和专家指导。除此之外，政府部门要加强农产品的安全检测，加强农产品安全质量执法的严肃性和公正性，提高农产品品牌的公信力。

第三节 农产品品牌创建的途径

一、建立农产品品质差异性

农产品品质的差异性是建立品牌的基础，如果是同质的农产品，消费者就没有必要对农产品进行识别、挑选。随着科学技术的发展，只有在农产品品质上建立差异性，才能建立起真正的农产品品牌。

（一）优化农产品品种

不同的农产品品种，其品质有很大差异，主要表现在色泽、风味、香气、外观和口感上，这些直接影响消费者的需求偏好。当优质品种推出后，得到广大消费者的认知，消费者就会尝试性购买；当得到认可，就会重复购买；多次重复，就会形成品牌偏好，这时品牌形象就会逐步建立起来，继而形成品牌忠诚度。

在农产品创品牌的实际活动中,农产品品种质量的差异主要根据人们的需求和农产品满足消费者的程度,即从实用性、营养性、食用性、安全性和经济性等方面来评判。例如,大米,消费者关心其口感、营养和食用安全性,大米品种之间的品质差异越大,就越容易促使某种大米以品牌的形式进入市场,得到消费者认可。

(二) 优选生产区域

许多农产品种类及其品种都有生产的最佳区域。不同区域地理环境、土质、温湿度、日照等自然条件的差异,直接影响农产品品质的形成。许多农产品,即使是同一品种,在不同的区域其品质相差也很大。例如,红富士苹果,陕西、山西、东北、山东等不同种植区域由于自然条件的差异,虽是同一品种,口感又有些许差异。因此,因地制宜发展当地农产品生产,大力开发当地名特优产品的生产,有利于农产品品牌的创立与发展。

(三) 坚持科学的生产方式

生产中采用不同的农业生产技术措施会直接影响产品质量,如农药选用的种类、施用量和方式,这直接决定农药残留量的大小;还有如播种时间、收获时间、灌溉、修剪、嫁接、生物激素等的应用,也会造成农产品品质的差异。所以,在农产品生产过程中,必须坚持科学的生产管理方式,才能确保产品品质。

(四) 优化营销方式

市场营销方式也是农产品品牌形成的重要方面,包括从识别目标市场的需求到让消费者感到满意的所有营销活动,如市场调研、市场细分、市场定位、市场促销、市场服务和品牌保护等。营销方式是农产品品牌发展的基础,而品牌的发展又进一步提高了农产品的竞争力。

二、注册和保护农产品品牌商标

注册商标是农产品取得法律保护的唯一途径，没有法律保护的农产品终究可能要被他人侵蚀、淘汰。然而一旦品牌商标被他人抢注或冒用，不但商标价值大打折扣，而且更重要的是会损害名牌产品的形象，影响企业的声誉。因此，农产品生产企业在创立品牌的同时，应积极进行商标注册，使之得到法律的保护，获得使用品牌名称和品牌标记的专用权。

三、适当且合理的宣传

（一）加大广告投入

加大广告投入，选择好的广告媒体。广告是企业用来向消费者传递产品信息的最主要的方式。广告需要支付费用，一般来说投入的广告费用越多，广告效果越好，要使优质农产品广为人知，加大广告宣传的投入是必要的。可以利用广告媒体如报纸、杂志、广播、电视和户外广告等来传播信息。在媒体选择时要注意根据媒体特点、受众特点、产品特点选择媒体工具、确定广告频率和广告的时机。

在进行广告宣传时应注意坚持以下3个原则。一是真实性原则。《中华人民共和国广告法》对广告宣传活动提出了应当真实、合法，以健康的表现形式表达广告内容，符合社会主义精神文明建设和弘扬中华民族优秀传统文化的要求等几项基本要求，并特别指出：广告不得含有虚假或者引人误解的内容，不得欺骗、误导消费者。广告的生命在于真实，进行广告宣传必须如实地向消费者介绍产品，不可夸大其词误导消费者。二是效益性原则。设计、制作发布广告时要做好市场调查，有些广告媒介费用很高，要根据宣传的目标、规模、任务、市场通盘考虑，从实际出发，节约成本，力争以最少的广告费用取得最大的效益。三是艺术性原则。广告内容是通过艺术形式反映和表现出来的，无论是电视广告、印刷广告、广播广告还是其他广告，都分别或全面地通过美的语言、美的画面、美的环境将广告意念烘托出来。要处理好真实性和艺术性的关系，艺术形式不得违背真实性原则，要运用新的科学技术，精心设计、制作广告，要给人以美感，要使广告的受众从中得到启发，受到感染。

（二）改善公共关系，塑造品牌形象

通过有关新闻单位或社会团体，无偿地向社会公众宣传、提供信息，从而间接地促销产品。公共关系促销较易获得社会及消费者的信任和认同，有利于提高产品的美誉度、扩大知名度。公共关系着眼于农产品经营企业长期效益和间接效益，好的公共关系决策能够实现无心插柳柳成荫的效果。

（三）注重产品包装，抬升产品身价

进口的泰国名牌大米，如金象、金兔、泰香等大多包装精致。而我国许多农产品却没有包装，有些即使有包装也较粗糙，这不利于名牌的拓展。包装能够避免运输、储存过程中对产品的各种损害，保护产品质量；精美的包装还是优秀的"无声推销员"，能引起消费者的注意，在一定程度上激起购买欲望，同时还能够在消费者心目中树立起良好的形象，提升产品的身价。例如，褚橙精美的包装，给消费者留下了深刻印象，为褚橙的销售起到了促进作用。

四、依靠科技打造品牌

科技是新时期农业和农村经济发展的重要支撑，也是农产品优质、高效的根本保证。因此，创建农产品品牌，需要在产前、产中、产后各环节全方位进行科技攻关，不断提高产品的科技含量。

（一）围绕市场需求

在农作物、畜禽、水产的优良、高效新品种选育上重点突破，促进品种更新换代，以满足消费者不断求新的需求。

（二）围绕新品种选育

做好与之配套的良种良法的研究开发与推广工作，要着力解决降低动植物产品的药物残留问题，保证食品卫生安全，以消除进入国际市场的障碍。

（三）围绕产后的保鲜

在储运、加工、包装、营销等环节，开展相应的技术攻关，加大对保鲜技术的研究，延长产品的货架期，根据消费者购买力和价值取向设计开发不同档次的产品，逐步形成一个品牌、多个系列，应用现代营销手段扩大品牌知名度，培育消费群体，提高市场占有率。

（四）围绕技术的引进

注重技术引进，积极引进国外新品种、新技术、新工艺，并通过技术嫁接，推动国内品牌的创建。

五、注重品牌整合传播

创建农产品品牌，还要增加对品牌产品的宣传投入，塑造品牌形象，打响知名品牌。要善于利用媒体广告以及博览会、招商会、网络营销、专题报道、展销会和公共关系等多种促销手段，进行品牌的整合宣传，提高公众对品牌形象的认知度和美誉度，做大做强农业品牌。要重视现代物流新业态，广泛运用现代配送体系、电子商务等方式，开展网上展示和网上洽谈，增强信息沟通，搞好产需对接，以品牌的有效运作不断提升品牌价值，扩大品牌知名度。

第六章 农产品品牌策略及实施

第一节 农产品品牌策略

农产品品牌策略是指农产品企业如何合理地选择使用品牌，以促进农产品的销售。农产品创建品牌对大多数农民来说是非常陌生的。在传统农业中，农民经营的农产品一般是没有品牌的，属于无品牌产品，但有一些具有特色的产品，往往以其产地作品品牌，形成区域品牌。例如，烟台红富士苹果、涪陵榨菜、库尔勒梨、安吉白茶等。农产品营销者想要进行农产品品牌建设，首先应该了解在品牌建设过程中的不同策略。

一、品牌有无策略

农产品营销者首先要确定生产经营的产品是否应该有品牌。尽管品牌能够给品牌所有者、品牌使用者带来很多好处，但并不是所有的产品都必须一定有品牌。现在仍然有许多商品不使用品牌，如大多数未经加工的初级原料，像棉花、大豆等；一些消费者习惯不用品牌的商品，如蔬菜；临时性或一次性生产的商品等。在实践中，有的营销者为了节约包装、广告等费用，降低产品价格，吸引低收入购买力，提高市场竞争力，也常采用无品牌策略。如超市里就有无品牌产品，它们多是包装简易且价格便宜的产品。不使用品牌，降低了宣传费用，使得这些产品在价格上有很大优势。

必须说明的是，采用无品牌策略的营销者也常常对品牌认识不足、缺乏品牌意识等。当然，农产品有无品牌不是一成不变的。随着品牌意识的增强，原来未使用品牌的农产品也开始使用品牌，如都乐香蕉、褚橙等，品牌的使用也大大提高了企业的利润率。

二、品牌归属策略

现在越来越多的农产品使用品牌，确定在产品上使用品牌的营销者，还面临如何抉择品牌归属的问题。一般有3种可供选择的策略：一是企业使用属于自己的品牌，这种品牌叫作企业品牌或生产者品牌；二是企业将其产品销售给中间商，由中间商使用自己的品牌将产品转卖出去，这种品牌叫作中间商品牌；三是企业对部分产品使用自己的品牌，而对另一部分产品使用中间商品牌。

一般来讲，在生产者或制造商市场信誉良好、企业实力较强、产品市场占有率较高的情况下，宜采用生产者品牌；相反，在生产者或制造商资金拮据、市场营销经验不足的情况下，为集中力量更有效地进行资源整合，不宜选用生产者品牌，而应以中间商品牌为主，或全部采用中间商品牌。必须指出，若中间商在某目标市场拥有较好的品牌忠诚度及庞大而完善的销售网络，即使生产者或制造商有自营品牌的能力，也可以考虑采用中间商品牌。这是在进入海外市场的实践中常用的品牌策略。

三、品牌统分策略

当营销者决定使用自己的品牌后，仍然面临进一步的选择，对企业不同种类的产品是使用一个品牌，还是各种产品分别使用不同的品牌，通常有以下4种可供选择的策略。

（一）统一品牌策略

统一品牌是指厂商将自己所生产的全部产品都使用一个统一的品牌名称，也称家庭品牌，如双汇的双汇火腿肠、双汇冷鲜肉等。企业采用统一品牌策略，能够显示企业实力，在消费者心目中塑造企业形象；集中广告费用，降低新产品宣传费用；企业可凭借其品牌已赢得的良好市场信誉，使新产品顺利进入目标市场，同时省去新产品命名的麻烦。但是任何一种产品的失败都会使整个品牌家族受到影响，从而影响整个企业的信誉。因此，使用统一品牌的企业必须对所有产品的质量严加控制。另外，统一品牌策略也存在着易相互混淆、难以区分产品质量档次等令消费者感到不便的问题。

（二）个别品牌策略

个别品牌是指企业对各种不同的产品分别使用不同的品牌。这种品牌策略可以保证企业的整体信誉不会因某一品牌声誉下降而承担较大的风险；便于消费者识别不同质量、档次的商品；有利于企业的新产品向多个目标市场渗透。显然，个别品牌策略的显著缺点是要为每个品牌分别做广告宣传，大大增加了营销费用。

（三）分类品牌策略

分类品牌是指企业对所有产品在分类的基础上各类产品使用不同的品牌。例如，企业可以将自己生产经营的产品分为蔬菜类产品、果品类产品等，并分别赋予其不同的品牌名称及品牌标志。分类品牌可把需求差异显著和产品类别区分开，但当公司要发展一项原来没有的全新的产品线时，现有品牌可能就不适用了，应当发展新品牌。

一般来说，企业采取分类品牌策略的主要原因有以下两点：

一是企业有许多不同类型的产品,如果都统一使用同一个品牌名称,这些不同类型的产品就容易互相混淆;二是有些企业虽然生产或销售同一类型的产品,但是为了区别不同质量水平的产品,往往也分别使用不同的品牌名称。

(四) 复合品牌策略

复合品牌是企业对其各种不同的产品分别使用不同的品牌,但需在各种产品的品牌前面冠以企业名称,例如,可口可乐推出的"雪碧茶"等,复合品牌的好处在于,可以使新产品与老产品统一化,进而享受企业的整体信誉,节省促销费用。与此同时,各种不同的新产品分别使用不同的品牌名称,又可以使不同的新产品彰显各自的特点和相对的独立性。

四、品牌重新定位策略

品牌重新定位策略也称再定位策略,是指全部或部分调整或改变品牌原有市场定位的做法。虽然品牌没有生命周期,但这绝不意味着品牌设计出来就一定能使品牌持续到永远,为使品牌能持续到永远,在品牌运营实践中还必须适时、适势地做好品牌重新定位工作。例如,浙江金华市佳乐乳业有限公司的"初道""乐溶""蓝钙""熊猫滚滚""维卡""垒品"都是"佳乐"牛奶最新推出的高端乳品,对佳乐品牌进行了重新定位。

企业在进行品牌重新定位时,要综合考虑两方面影响因素:一方面,要考虑再定位成本,包括改变产品品质费用、包装费用和广告费用等,一般认为,产品定位或品牌定位改变越大,所需的成本就越高;另一方面,要考虑品牌重新定位后影响收入的因素,如该目标市场上有多少顾客、平均购买率、竞争者数量、潜在进入者数量、竞争能力如何以及顾客愿意接受的价格水平等。

五、多品牌策略

多品牌策略是指企业同时为一种产品设计两种或两种以上互相竞争的品牌的做法。在中国市场上，可口可乐公司为自己生产的饮料设计了多个品牌，如可口可乐、雪碧、芬达等，其多品牌策略在中国市场上取得了令人瞩目的业绩。虽然多个品牌会影响原有单一品牌的销量，但多个品牌的销量之和又会超过单一品牌的市场销量，增强企业在这一市场领域的竞争力。采用多品牌策略的好处如下。

第一，多种不同的品牌只要被销售终端接受，就可占用更大的货架面积，而竞争对手所占用的货架面积当然会相应减小。

第二，多种不同的品牌可吸引更多顾客，提高市场占有率。这是因为：一贯忠诚于某一品牌而不考虑其他品牌的消费者是很少的，大多数消费者都是品牌转换者。发展多种不同的品牌，才能赢得这些品牌转换者。

第三，发展多种不同的品牌可使企业深入到各个不同的细分市场，占领更大的市场。

在决定是否引进其他品牌时，企业必须考虑下列问题：是否能为该品牌建立独特的历史；该独特历史是否可信；该新品牌会夺走本企业其他品牌及竞争者多少销售量；产品开发与促销费用能否从新品牌销售额中收回来。

需要特别注意的是，在推出多种品牌时，可能每种品牌都只有很小的市场占有率，而没有一个特别获利的。这样，企业的资源就会浪费于许多片面成功的品牌，在这种情况下，企业必须放弃较弱的品牌，并严格选择可以推出的新品牌。一个企业的品牌应该能击败竞争者的品牌，而不是剧烈的内部竞争。

第二节　农产品品牌策略的实施

实施农产品品牌策略，往往需要长时间的艰苦创造和努力，是一项复杂的系统工程，必须从全局出发，综合谋划。

一、从农产品生产经营主体来看

（一）转变观念，树立农产品品牌意识和名牌意识

要充分认识建立品牌、创立名牌是提高农产品科技含量和商品化程度，促进农民增产增收的需要；是提高农产品档次，改善人们生活质量，取得良好社会效益的需要；是经营者参与市场竞争并立于不败之地，拓展生存与发展空间的需要。

随着人们对安全、绿色与健康等高质量农产品需求的增强，巨大的行业利益吸引了很多企业纷纷投入巨资进入各类养殖行业，从而成为养殖行业产业链的企业链环主体；丁磊的网易公司进入生猪饲养业，搜狐也在张朝阳的号召下进入生猪养殖业，国内各大农业龙头企业更是阔步进军养殖业，正邦不断兼并各地养殖场，福建圣农在福建省和江西省等地兴建养鸡基地。有些企业专门从事生鲜农产品的采购和贸易，从中赚取利润；有些企业围绕着生鲜农产品的运输物流和仓储等业务形成了生鲜农产品物流公司，生意异常火爆，行业利润也非常可观。有些企业专门承接某类或某几类生鲜农产品的宰杀和加工业务。而各个大大小小的农贸市场和超市则成为生鲜农产品的分销场所，把初级农产品和深加工的成品农产品送到千家万户。为了提高经济效益和更好地控制产业流程以提高农产品质量，农产品经营企业对农业产业链各链环活动的整合趋势越来越明显，很多大型农业产业化龙头企业如中粮、双汇、正邦和圣农等都涉足到农产品的选种育种、养

殖种植、物流运输、加工生产等产业链的各个环节，以保证其农产品的质量安全及品牌质量。

（二）科技创新是实施品牌策略、提高农产品质量的关键措施

市场竞争就是产品竞争，产品竞争就是质量竞争，而质量竞争往往是通过科技创新和争创名牌来实现的。争创名牌就是要追踪世界高新技术前沿，逐步形成科技创新体系，加快科技成果的转化。因此，名牌的形成过程就是创造优质产品的过程。质量是产品的生命，是竞争力的源泉，是高效益的保证，必须把实施名牌农产品发展策略作为提高农产品质量的首要任务来抓，要顺应国际市场的发展要求，为名牌农产品注入新的活力，为我国农产品尽快抢占国际市场奠定坚实的基础。

（三）实施科技创新，生产有特色的优质农产品

一是以产业组织为主体，加强农产品优良品种的培养，优化品种结构，形成各自特有的专用性品种；二是加强农产品的采收、包装、储藏、运输和加工技术的研究与开发，通过农产品的精加工，提高农产品的科技含量和附加值。

（四）要实施农产品品牌策略，须建立产业化组织

在生产方面，可以建立农产品生产协会、专业性生产合作组织；内部实行不同程度的企业化管理与经营，如专业性生产某种类或品种的农产品，统一进行产品的加工并使用同一品牌销售。在市场方面，建立有特点的品牌产品产地市场，集中销售当地的名特优农产品；同时，建立稳定的销售渠道、开拓新的业务关系，促进农产品的大流通。在有条件的地方，还可以促进品牌农产品走向世界市场。

（五）珍视品牌，依法保护品牌

在市场经济中，品牌与市场主体的生存、发展有紧密联系。

市场对国内品牌农产品的冲击主要有两种：第一种是假冒伪劣农产品的冲击；第二种是自砸牌子的行为。目前，来自第一种冲击的风险非常大。相对于工业产品来说，农产品更容易被假冒或侵权。农产品要在市场上站得稳、立得住，就必须用法律来保护它。农产品经营企业必须重视产品商标专用权，因为商标就是自己产品的"身份证"，是农产品经营企业进军市场、抢占制高点的"秘密武器"。

二、从政府的支持来看

农产品经营企业是农产品品牌建设的主力军，是农产品品牌的所有者、决策者、建设者和受益者。由于我国农业产业化程度较低，很多农产品经营企业规模和实力较弱，获取政府的扶持是十分必要的。想要得到政府扶持，一是选择好的产品，提供优良项目获取优惠利率、贷款贴息、投资补贴等政府的优惠措施。二是要选择科研任务和研究方向，开发农产品品牌产品并加强相关技术的科技攻关。针对农产品新品种培育、配套，在配合饲养技术、产品加工、包装和市场营销等环节，进行技术攻关，提高产品科技含量，以获取政府的政策倾斜。三是推进产业标准化。标准化是实施农产品品牌策略的重要基础，没有标准化就难以实施品牌策略。

三、从社会管理角度来看

政府部门是农产品品牌建设中的重要一环，在品牌建设过程中充当着重要角色，主要包括政府的多个部门，既包括政府中的农业行政管理部门、工商行政管理部门、质检部门，甚至还要涉及公安和司法部门等。

(一)加大品牌宣传力度,营造创立名牌的社会氛围

政府部门可通过各种途径,广泛进行质量、品牌、商标、广告和营销策略的宣传教育,让农产品生产经营者把经济发展的出发点和落脚点放在实施品牌策略上。新闻媒体通过对农产品经营组织先进典型的报道,宣传品牌经营的经验,增强全社会的品牌意识。

(二)注重品牌保护

品牌保护既是对农产品经营企业利益的保护,也是对顾客和社会利益的保护。执法部门和司法部门对假冒品牌农产品的行为和虚假广告,要坚决查处打击,为品牌农产品脱颖而出创造良好的市场环境,做到创一个品牌,带一个行业,兴一方经济。

(三)深化改革,增强农产品经营企业的创新能力

推进品牌策略的实施,必须加快和深化体制改革,使农产品经营企业成为实施品牌经营的主体。实施农产品品牌策略是企业行为,只有当企业真正成为市场主体,拥有经营自主权时,才会有市场竞争的强烈意识,才会有品牌意识。

第七章 农产品品牌规划与创立

第一节 农产品品牌规划

品牌规划是农产品品牌建设的第一环节,是为品牌建设寻找优质资源,设立目标方向。要根据品牌的核心价值,进行全面科学的品牌调研与诊断,充分研究市场环境、行业特性、目标消费群、竞争者以及企业本身的优势劣势,为下一步的品牌建设提供详细、准确的信息导向。并在此基础上,提炼清晰的、明确的、易感知的、有包容性、高差异性、能触动和感染消费者内心世界的品牌核心价值,最终对品牌进行科学定位。品牌规划主要包括以下4点内容:一是选择优质资源,二是确定发展目标,三是了解竞争对手,四是找到消费群体。

一、选择优质资源

创建农产品品牌第一步选择资源很重要,这是决定品牌成败的关键。一定要对当地的农业资源进行全面的分析和调研,一方水土养一方动植物,产地、品种和文化,是决定农产品品牌建设是否成功的决定因素,农业品牌战略的根,往往存在于不可替代的产地和文化中,一定要选择优质资源,选择有需求、有基因、有未来的品类去做。一定要搞清楚三件事,即想做什么、为什么、凭什么,而且不仅要明白自己想做什么、在哪儿做,在某种程度上更重要的是要明白自己不能做什么,要知止。

中国地域辽阔,山地、高原、平原、丘陵等地形复杂,气候多样,农业历史悠久,各地优质资源丰富。尽管短短的20年已注册地理标志产品6 000多种,但各地还潜在大量优质的农业资源,各个生产经营主体或组织在创建农产品品牌的时候,一定要优先开发那些人文历史积淀深厚、品质独特性强、产品溢价率高、有开发潜力的优质农产品,特别对优势地理标志产业的产品,进行重点开发,打造一批世界级的地理标志农产品品牌,提高中国文化软实力,形成新的经济增长点,然后以点带线,以线带面,循序渐进地打造世界知名品牌。各经营主体、龙头企业,也可借势本地已注册的地理标志品牌,打造自己的市场代表性企业品牌。

2017年,国家发展改革委、农业部、国家林业局联合出台的《特色农产品优势区建设规划纲要》,提出打造一批"中国第一、世界有名"的特色农产品优势区,培育特色品牌。截至2019年,认定了山东省寿光市寿光蔬菜、江苏省盱眙县盱眙小龙虾、云南省文山市文山三七、山东省东阿县东阿黑毛驴、河南省灵宝市灵宝苹果等146个中国特色农产品优势区。

优势资源的调研选择,主要依据三原则:一是选择当地资源中最具特色及相当规模的品类;二是选择溢价能力最强、升值空间最大的产品;三是选择未来消费趋势最强、市场未饱和的农产品或新品种。如广西南宁下辖的横县,算是农业大县,有横县甜玉米、横县茉莉花、横县双孢菇、横县大头菜等十大产业,在全国都能排到前列。横县县委、县政府充分论证,基于茉莉花国花基因,基于横县的产业优势,决定以横县茉莉花为主,打造"东方茉莉城 山水古横州"的品牌形象。

二、确定发展目标

找到了优质资源，找到了自己的核心竞争力，就明确了自己想做什么、能做什么。下一步就要设定好品牌发展目标，才能顺理成章找到自己的发展路径，才知道自己该怎么做：是想全国开花做老大，还是想局部深耕做域花。好的目标会给品牌发展带来方向感和探索感，会激发巨大的创造力和进取精神，会引领企业勇往直前地大发展。

当然目标的确定不能好大喜功，不切实际地妄想，要有一定的科学性，科学的品牌目标总是长远利益和现实利益、局部利益和整体利益的综合反映。科学的目标不能以现在规划未来，而是要以未来规划现在。

走遍四海还是威海，踏遍千山还是乳山。山东省威海市下属县级市的知名农业品牌乳山牡蛎，就是设定了要打造闻名世界的"牡蛎之乡"的宏伟目标，才明确了发展方向，最终找到了循序渐进的品牌发展路径。

广西横县茉莉花之所以在战略目标上设定为打造世界四大花都，就是基于未来横县将要成为世界茉莉花之都的战略之根，才找到全球视野的横县茉莉花之路。

当然，品牌目标还取决于资源的限制，不是所有的农产品都适合做世界第一品牌。例如，和牛是产自日本的高级牛种，和牛肉是目前世界上最昂贵的牛肉，但每年的产量只在3 000头左右，所以真正的和牛肉根本走不出来，名气大，产量少，不能可持续供货，根本做不成世界级的品牌，目标只能定为国内甚至是区域知名品牌。

其实确定品牌发展目标的过程，也就是给品牌定位的过程。而农产品品牌定位，不仅是市场定位，更重要的是在消费者心目中的定位。品牌定位要遵循以下方法和原则。

一是第一名定位。做不了全球老大，就做全国老大，做不了全国老大，就做全区域老大，做不了全区域老大就做全品类老大，总之一定要在消费者心目中植入第一名的定位。例如，山东章丘大葱，最高能达到2.5米，比球星姚明都高，真的再也没有比它更高更大的葱了，"我就是天下第一，你算哪根葱，我就是全国老大"。

过去山东是全国果业生产最大的省，但陕西苹果自1947年引进种植以来，经历了种植、品牌构建、质量监管、文化引领4个阶段，几十年如一日地发展，到如今，世界上每生产7个苹果，就有1个产自陕西洛川，陕西苹果已成为消费者心目中的全国县域苹果老大，甚至世界有名。

二是第二名定位。如果你选择的产品在社会上已经有了雄厚实力、品牌知名度很高，而且地位难以撼动的"老大"的存在，那么你也可以做在消费者心目中"老二"的定位。否则，如果你不自量力和"老大"去不对等竞争，那就等于拿鸡蛋碰石头，必然是一败涂地。

蒙牛集团的前董事长牛根生曾是伊利集团的第一副总裁，因为种种原因，他被伊利集团罢免了副总裁的职务，第二年他就离开了伊利集团，创立了蒙牛集团。白手起家，初次创业，资源、资金、人才、市场，可谓是一穷二白。但他却智慧地把蒙牛集团在消费者的心目中植入中国奶业仅次于伊利集团第二品牌的定位。其实蒙牛当时的各种实力离伊利集团真的差之十万八千里，但正是因为牛根生当初这一智慧的目标定位，让中国的消费者认为喝牛奶不喝伊利就喝蒙牛，蒙牛就是仅次于伊利的牛奶品牌，让蒙牛借势伊利的快车道和知名度，以人们意想不到的速度迅速崛起，很快在中国奶业市场上分得了霸主伊利的半壁江山。

第七章 农产品品牌规划与创立

三是品牌空白定位。所谓品牌空白定位是指选择稀缺资源，打造人无我有的品牌农产品。2005年以来，在重庆琳琅满目的美食中，一道菜异军突起，这道美食就是泥鳅。围绕着泥鳅，已经形成了一个产业。可是，在这个产业的背后，却隐藏着一个危机——每年都有几个月的时间，野生泥鳅供应量不足，甚至会断货。尤其是在冬天，货源十分紧张，经销商经常拿着钱也找不到卖主。每年10月，野生泥鳅卖完以后，泥鳅的价格翻两倍都无法满足市场需求。对于批发商来说，能在冬天给他们供货就行，再贵也愿意。而一个年仅25岁的年轻人刘勇就此发现了一个赚钱的机会。他本来跟着父亲跑运输，月入万元，当他向父亲说要回乡创业，人工养殖泥鳅的时候，遭到父母的坚决反对，那个年代人工养殖泥鳅还没有成功的先例。得不到父母的支持，他连挖个池塘的资金都没有，无奈，他只好利用一个废弃的楼顶，在上面建了一个只有5平方米的池子，在这里试验人工养殖泥鳅。功夫不负有心人，令人意想不到的是，他还真的成功了。2008年底，刘勇牵头成立了泥鳅养殖专业合作社，为养殖户免费提供养殖技术，统一供种，统一销售，带领乡亲们一起致富。2014年，合作社每年销售泥鳅1 500吨，销售额达2 000多万元，占到了整个重庆泥鳅市场的20%，刘勇从此成了一个上亿元的品牌产业的领军人物。

三、了解竞争对手

通过认真细致的调研，无论最终选择什么资源、什么品类、什么农产品，都要深入全面了解这一产业、这一品类甚至这一产品的市场现状如何，竞争对手是谁，真正了解竞争对手的市场定位和企业实力，明确竞争对手的竞争点，找出相对的自身优势，有的放矢，才能更精准地找准自己的市场定位，从而更科学地设置自己的品牌产品发展目标，提高品牌创建的成功率，少走弯路。

四、找到消费群体

科学的品牌规划，不仅要精准地找到市场竞争对手，而且要明确消费群体是谁，只有这样才能进行市场的准确定位和有针对性的产品设计。如何找到消费群体呢？必须围绕目标人群的喜好、认知、习惯、行为来提炼品牌的价值主张，找到目标人群的物质及精神需求的消费动因，从而采用消费心理学而不是人口统计学的方法，来清晰界定将要创建的品牌农产品未来的目标消费人群。例如，明确产品主要目标消费群体是儿童还是老人，是大众消费还是中产阶层消费，是低端市场、平价市场还是高端市场，是国内消费者还是国外消费者等。

第二节　农产品品牌创立阶段

在完成农产品品牌建设规划后，就是实际操作阶段。实际操作阶段的第一个步骤就是农产品品牌的创立阶段。农产品品牌的创立阶段主要包括品牌的命名、品牌识别系统设计、品牌注册、品牌包装、品牌文化形成等内容。

一、农产品品牌的命名

差异化，是品牌要解决的关键竞争问题之一。随着市场上新产品越来越多，品类不断细分、品类界限日渐模糊、产品同质化也日益严重，这时候品牌名称的差异化就显得尤为重要。一项数据表明，消费者对品牌印象的形成50%来自品牌的名称，所以才有"好的品牌名称等于成功了一半"的说法。

第七章 农产品品牌规划与创立

在品牌命名上，品牌农业正出现什么样的情况呢？因为过度强调品牌名称所承载的信息内容，企业都想走一条节省品牌传播和品类教育的捷径，越来越热衷于启用一种品类化的品牌名称，这将导致品牌的差异化被抹杀，品牌的产品延展性也大大降低。

（一）品牌名称的类别

通过对品牌名称进行研究，从区分性、信息性和延展性3个维度考虑，品牌名称可分成3类。

1. 商标化品牌

这类品牌名称具有很强的区分度，延展空间也很大，品牌名称中多包含着某类特定的关联信息。大多数是直接以人名、地名、动植物名或某类事物名称命名的品牌，例如，燕京、青岛、茅台、王老吉、王致和、玉兰、红梅、铁狮子、稻香村、红牛等最具代表性。

2. 行业化品牌

这类品牌名称的区分度要弱于商标化品牌，有的名称包含一定的信息，有的则无实际意义，它不局限某类产品，从气质上比较符合某个行业，因此在某一行业或领域具有很大的延展性，例如，露露、今麦郎、统一、印耕、佳沃等。

3. 品类化品牌

这类品牌名称是近几年在消费品领域经常被使用的，尤其在品牌农业领域，其中包含了一定的产品信息，有的重新组词，有的改用现有的名词或典故。代表性品牌有：六个核桃、四大美莓等，这类品牌包含的信息虽然比较丰富，但它们的共同特征则是区分度小、品类延伸空间小。

在实际经营中，品类化的品牌经常会面临这样两个尴尬的局面：第一，消费者在认知上容易混淆，企业要么靠品牌代言人来建立差异化识别，要么在广告中不断强化品牌名称记忆；第二，在品类延伸空间上,康师傅、今麦郎、娃哈哈等品牌可以顺利从方便面跨到饮品行业,甚至是整个食品行业,但是品类化品牌就不行,无法实现品牌价值的最大化。

如果单纯谈名称,这3类品牌名称无所谓好坏。但是从品牌经营战略上进行考虑,这3类品牌名称就有优劣之分,关键是企业要用品牌承载什么内容。品牌农业要慎用品类化品牌,主要从品牌战略层面上进行考虑。

(二) 品牌命名的注意事项

为农产品品牌取名实际上是选择适当的词或文字来代表商品。对消费者而言,品牌名称是引起其心理活动的刺激信号,它的基本心理功能是帮助消费者识别和记忆商品。品牌名称的好坏给消费者的视觉刺激、感受程度和心理上引起的联想差别很大,带来的消费者对企业的认知感也不同。

1. 品牌名称要有助于建立和保持品牌在消费者心目中的形象

品牌名称要清新高雅,不落俗套,充分显示商品的高品位,从而塑造出高档次的产品形象。

2. 品牌名称要有助于使产品区别于同类产品

选择名称时,应避免使用在同类商品上已经使用过的或音义相同、相近的名称。如果不注意这一点,则难免会使消费者对品牌认识不清和对企业认识模糊,鲜明的产品形象和企业形象的建立更是无从谈起。

3. 品牌名称应体现产品属性

在品牌命名时,充分体现产品的属性所能给消费者带来的益处,从而通过视觉的刺激,使消费者产生对产品、对企业认知的需求。这是企业形象深入人心的基础。

4. 品牌名称应能激发购买动机

品牌名称要符合大众心理,能激发消费者的购买动机,使企业形象的树立有一个立足点，这是品牌命名最需要注意的问题。例如，消费者比较注意身心健康，注意营养元素的合理搭配，所以像富含硒元素的富硒葡萄、养神静目的静宁苹果一度受到消费者的青睐。

5. 品牌名称应注意民族和文化差异

品牌命名应注意民族习惯的差异性，这样树立企业形象才更有效，更具针对性。国内外各地区的喜好、禁忌不同，品牌的命名更应慎之又慎。

6. 品牌命名要合法

要遵循《中华人民共和国商标法》《中华人民共和国知识产权法》的有关规定，否则，即使市场运作成功了，也可能是为他人做嫁衣。

二、农产品品牌识别系统设计

品牌名称确定后需要进行农产品品牌识别系统设计，这是品牌创立的基础，也是品牌培育和扩张的基础。

（一）品牌标志的设计

品牌标志与品牌名称都是构成完整的品牌概念的要素。品牌标志设计是在一定的原则前提下，选择特定的表现元素，结合创意手法和设计风格而成的。典型的设计方法有两种：文字和名称的转化、图案的象征寓意，它们产生3类设计标志：文字型、图案型以及图文结合型。

1. 设计要求

要以符号、图案为标志内容。人们的思想基于印象、认知，都是具体的、活生生的，因此，人们更容易识别符号、图案。品牌使用标志，更便于消费者识别、记住，可以引发消费者联想。运用符号、图案来表达品牌，可以强化品牌定位，使消费者印象深刻。

2. 设计思路

品牌的设计思路是简洁、凝练、独特、新颖。

3. 基本形式

(1) 设计"名称标志" 把名称与标志合在一起,把名称的文字、数字艺术化,可以作为与众不同的品牌标志,如NEC、IBM。

(2) 设计"符号标志" 如三菱的三个菱形符号、耐克体育用品的对号、李宁体育用品的"L"横向夸大标志、麦当劳的"M"标志等。

(3) 设计"图案标志" 如骆驼香烟、苹果计算机、雀巢、双鹿、中华、太阳神等。

(二) 品牌识别系统设计

农产品品牌识别系统的主要思想是将农产品经营企业的经营理念、行为规范和视觉识别"三位一体"进行系统性分类,从战略的角度来体现企业内涵、文化、形象。完整的品牌识别系统由3部分组成,即品牌理念识别系统、品牌行为识别系统、品牌视觉识别系统。系统中的3个组成部分,各有功效,相互配合,关系十分密切,不可分割。其设计步骤有3步。第一步,建立农产品品牌理念识别系统,为农产品消费者提供品牌理念支持。第二步,建立农产品品牌行为识别系统。统一品牌所有者的行为规范。第三步,建立农产品品牌视觉识别系统,统一品牌所有者的产品、店面、包装等有形物体的形象。而在农产品品牌识别系统的执行过程中则将农产品品牌理念识别系统中的内涵与要求寓于行为识别系统和视觉识别系统之中,并使其内涵、形象和风格在社会公众面前得以全面展示。

农产品品牌识别系统的设计内容与工业产品品牌有一定的差别,这些差别是由农产品的特征所造成的。首先,农产品品牌的

第七章 农产品品牌规划与创立

形式多样,使得农产品品牌识别系统的内涵具有特殊性。农产品品牌的形式涉及质量标志、集体标志、企业产品品牌等内容,这些内容在设计上应有清楚的体现。其次,农产品的产品要素也有其特殊性。农产品受到生产地的土壤、气候等自然环境的影响,导致其在色泽、风味、外观和口感上都有一定的独特性,如浙江杭州的龙井茶、山东的红富士苹果、新疆和田的大枣等都与当地的土壤、气候和自然环境有着很大的关系,与其他地方生产出来的同类产品相比较,这些产品达到了更良好的品质。农产品的生产工艺和生产环境的独特性影响农产品的物理、化学、营养等产品特征。因此,消费者非常关注农产品的生产环境质量和生产方式。对使用有机肥料、无污染、生物技术的情况,对农产品加工的程度与方式等,都可以作为品牌识别系统的基础性要素。这些内容需要在识别系统的设计中充分体现出来。最后,农产品品牌的独特文化影响农产品品牌识别系统的设计。我国农产品有着丰富的历史文化,这些文化影响着消费者的选择,如"云南普洱茶"曾经是清朝皇帝的御用茶品,多次受到清朝皇帝的褒奖,形成独特的贡品文化,受到消费者推崇。这些文化特征体现在农产品品牌识别系统中将会大大提高农产品品牌的特色水平。

三、农产品品牌注册

农产品品牌在经过识别系统的设计后,要经过注册才能成为具有法律效力的商标。农产品品牌的内容复杂,导致农产品在品牌注册申请上与一般工业产品品牌有很大的不同。这个不同主要是体现在注册的内容和机构上。农产品不但需要注册产品商标,还需要申请质量标志和集体商标。质量标志的申请是农产品经营企业根据企业目标的要求,向农业主管部门授权的机构申请质量水平认证,认证的种类主要是绿色产品和有机农产品。集体商标包括一般集体品牌标志和地理标志，其中一般集体品牌标志的申请与企业标志申请的办法相同，不过申请者往往是农业行业组织（协会）或农业合作经济组织等集体单位，而不是企业。地理标志的申请情况比较复杂，后文有详细表述。

农产品品牌的企业产品商标注册程序同一般工业产品和服务产品商标注册程序与主管机关是一样的。品牌注册是农产品品牌建设中比较简单的事务性工作，主要有3个步骤。第一步是进行品牌查询，查询的目的是避免商标名称、商标标志与别人相同或相近，保证注册的商标有专用性。第二步是进行设计修改，在查询后发现与其他人相近或相同的商标名称或图案要及时进行修改，以免形成日后的商标纠纷。第三步是进行注册申请，具备上述两个条件后，申请者可申请办理商标注册。申请者填写《商标代理委托书》《商标注册申请书》，交付一定的申请费后，就可委托商标事务所向国家工商行政管理总局商标局（简称国家商标局）递送、备审。商标在审查中无任何异议，国家商标局在受理申请一年后，发布初审公告并寄送申请人。公告日起3个月后，即发放正式"商标注册证"，申请者可开始合理合法地使用自己申请的注册商标。

四、品牌农产品包装

（一）包装及农产品包装的含义

1. 包装的含义

包装为在流通过程中保护产品，方便储运，促进销售，按一定的技术方法所用的容器、材料和辅助物等的总体名称；也指为达到上述目的在采用容器、材料和辅助物的过程中施加一定技术方法等的操作活动。

2. 农产品包装的含义

农产品包装是指对农产品实施装箱、装盒、装袋、包裹、捆扎等，也指采用适当的包装材料、容器和包装技术，将农产品包裹起来，以使农产品在运输和仓储过程中保持其价值和原有状态的包装材料及包装技术活动。

（二）农产品包装的功能

1. 保护功能

农产品包装主要在于最大限度地保护包装对象的寿命和品质，防止天然因素的破坏，以保护其内容、形态、品质和特性。包括：防止农产品破坏变形；防止异物混入污染产品；防止农产品发生化学变化；防止有害生物对农产品产生影响。

2. 方便功能

农产品包装作为农产品物流的起点，主要功能是方便物流的其他环节如装卸、搬运、储存和运输，能提高仓库的利用率，提高运输工具的装载能力，同时方便商场的陈列销售，也方便消费者的携带、取用和消费。

3. 销售功能

在农产品质量相同的条件下，精致、美观、大方的包装可以激发消费者的购买欲望和购买动机，从而产生购买行为。

（三）农产品的包装技术

1. 防潮包装

防潮包装是采用具有一定隔绝水蒸气能力的材料对农产品进行包装，隔绝外界湿度对产品的影响，使农产品能在恒温和恒湿的条件下保存。这对果蔬的保鲜具有非常重要的意义。较贵重的药材，如虫草、鹿茸等，可先用密封袋封装或防潮纸包裹。茶叶是一种干品，极易吸湿受潮而发生质变，它对水分、异味的吸附性很强，而香气又极易挥发。因此，将茶叶存放在茶叶罐中以避免因在水分、温湿度、光、氧等因子的作用下引起的不良生化反应和微生物的活动而导致茶叶质量的变化。

2. 防霉包装

防霉包装是为防止农产品在受霉菌作用时发生霉变和腐败,使物品质量受到损害而采取一定防护措施的包装。如豆制品,大豆含有较高的油分和非常丰富的蛋白质,容易发生霉变,应采取防霉包装技术,达到抑制霉菌生长的目的。

3. 真空包装

这种技术可以减少包装袋内氧气的含量,防止食品腐败变质。多采用塑料及塑料与纸和铝箔等复合软包装材料进行真空包装。如块茎类蔬菜、玉米、硬质水果等均可采用此包装技术。

4. 气调包装

气调包装又称充气包装,是指采用具有气体阻隔性能的包装材料,将氧气、二氧化碳、氮气等按照一定的比例混合充入包装内,防止农产品在物理、化学、生物等方面发生质量下降或减缓质量下降的速度,以此达到食品保鲜并延长保质期的效果。如生鲜鱼虾、半处理加工果蔬等都可以采取气调包装技术。

5. 无菌包装

无菌包装技术是在被包装物、包装容器或材料、包装辅助器材无菌的情况下,在无菌的环境中进行充填和封合的一种包装技术。农产品无菌包装是指将经过灭菌处理的农产品在无菌环境中包装,封闭在经过杀菌的容器中,以期在不加防腐剂、不经冷藏的条件下得到较长的货架寿命。农产品无菌包装过程包括:包装机械及操作环境的杀菌处理,包装农产品的杀菌,包装容器的预制成型及杀菌处理,定量灌装、封合、装箱打包运出等,各工序环节都要保证农产品包装操作的无菌条件。在我国,农产品无菌包装技术在乳畜业已经取得了很大的发展,未来饮料行业对无菌包装的需求很大,尤其是茶、果汁等饮料的纸塑无菌包装、PET瓶无菌包装市场前景很好。

第七章 农产品品牌规划与创立

6. 保鲜包装

保鲜包装是使新鲜水果、蔬菜在一定时间和条件下能保持原有产品色、香、味的一种包装方法。我国农产品主要的保鲜技术有冷藏保鲜技术、防腐保鲜技术、臭氧保鲜技术，如肉类、果蔬等农产品的冷藏保存，袋装特色农产品及小食品的防腐保存，而臭氧保鲜技术通常用于水果的保鲜。

(四) 农产品包装的设计

1. 农产品的包装设计理念

包装设计不仅是设计包装产品，更是设计产品品牌形象，明确产品特性，反映消费者心理：包装设计除了满足保护农产品、储存产品等基本功能以外，还要美观，有一定的文化内涵，有独特的卖点才能吸引消费者，获得较好的经济效益。好的农产品包装可以减少农产品在储藏和运输过程中不必要的二次污染，同时对农产品的品牌也起到了良好的宣传效果，一举两得。

2. 商品包装的标识与标记

农产品生产企业、农民专业合作经济组织以及从事农产品收购的单位或者个人包装销售的农产品，应当在包装物上标注或者附加标识标明品名、产地、生产者或者销售者名称、生产日期等。有分级标准或者使用添加剂的，还应当标明产品质量等级或者添加剂名称。未包装的农产品，应当采取附加标签、标识牌、标识带、说明书等形式标明农产品的品名、生产地、生产者或者销售者名称等内容。

农产品标识所用文字应当使用规范的中文。标识标注的内容应当准确、清晰、显著。获得绿色食品、有机农产品等质量标志使用权的农产品，应当标注相应标志和发证机构。禁止冒用绿色食品、有机农产品等质量标志。畜禽及其附属产品、属于农业转基因生物的农产品，还应当按照有关规定进行标识。

（五）包装的策略

（1）类似包装　企业所有产品的包装，采用共同或相似的图案、标志和色彩等。这种策略的优点是可以壮大企业的声势，扩大影响，促进销售。同时，可以节省包装成本。

（2）组合包装　按人们消费的习惯，将多种有关联的产品组合装置在同一包装物中。如化妆品、节日礼品盒、工具包等。

（3）再使用包装　例如，盛装产品的包装袋可以作为手提袋。这种策略能引起顾客的购买兴趣，使顾客得到额外的使用价值。

（4）附赠品包装　在包装物内附赠物品或奖券。这种策略是利用顾客好奇和获取额外利益的心理，吸引其购买和重复购买，以扩大销量。对食品类产品较为适宜。

（5）改变包装　对原产品包装进行某些相应的改进或改换。更新包装可以起到促销的作用，可以新形象吸引消费者的注意力，可以改变产品在消费者心目中的不良形象。

（6）绿色包装　绿色包装又叫生态包装，指包装材料使用可再生、再循环，包装废物容易处理及对生态环境有益的包装。采用这种包装策略易于被消费者认同，有利于环境保护和与国际接轨，从而产生促销效果。

（六）产品包装的注意事项

（1）基本功能要实用　首先，包装是为了更好地解决产品的储运，所以实用是第一位，在实用的基础上再考虑如何更新颖、更有特色。其次，包装形式和选材也很重要。

（2）体现视觉审美　这是一个拼颜值的时代，产品的包装也不例外，颜值是视觉上的美感，体现在品牌标志、色彩和视觉元素及布局，让消费者看着喜欢、感觉舒服。但是，如果单纯地拼颜值，过度关注包装或者过度包装都会弱化产品的核心竞争力，导致产品毫无特点。目前，从市场上看，真正畅销的产品并不都是因为产品的包装，高颜值不一定带来高销量，包装可以起到"锦上添花"的效果，但是无法"雪中送炭""起死回生"。

（3）传递品牌的核心价值，便于消费者识别　包装要突显品牌的核心价值，主要是使用文字信息、视觉图案和主题色。文字信息主要包括：品牌名称、产品名称和品牌卖点，目的是说服消费者购买产品。在处理这些内容时，首先，在字体设计和整体布局上，考虑品牌信息的传播效果，越是知名的品牌包装越要追求简单，越是新品牌越要考虑品牌信息的传播。其次，在视觉呈现上要与品牌的气质相吻合。

视觉图案则要求更高，不仅要考虑品牌的个性形象，还要考虑所引发的信息联想，在品牌农业领域，包装上惯用的视觉图案通常有以下3类。

第一类，与产品有关的图案，主要是原料或产品内容。

第二类，产地符号，尤其是具有地域特色的农产品，例如，新疆、内蒙古的特产惯用雪山、草原、民族元素等作为视觉符号。

第三类，针对品牌单独设计视觉符号。

无论采用哪种形式，都必须立足于品牌的核心价值，考虑包装的差异化，强调品牌的识别性，在使用那些缺少独特个性的通用视觉元素时，需要慎重考虑，因为很容易被抄袭和模仿。在充分考虑品牌核心价值的基础上，包装还须具备视觉冲击力，即让包装放到货架上能够脱颖而出，做到让消费者看一眼就被吸引。

总之，好包装离不开正确的品牌策略，其中价值感、个性化、传播效果和视觉冲击力是包装必须具备的特点。

五、农产品品牌文化内涵的确定

随着品牌农产品投放市场，消费者对品牌农产品会形成品牌认知，品牌认知的内容不仅是其外在的品牌识别系统，还有内在的农产品品牌文化。所以，品牌农产品上市后，农产品品牌文化就随农产品的上市开始逐步形成并且传播。农产品品牌文化是与农产品历史渊源相关的个性化品牌形象，是农产品品牌中的经营观、价值观、审美观等的体现，是在农产品品牌定位的基础上，确定品牌核心价值，扩充其价值内涵，并利用各种传播途径，使消费者在精神上对其产生的一种情感依赖和联想。在农产品品牌塑造过程中，品牌文化作为最核心、最不易被模仿的部分，在品牌建设中发挥着巨大的作用。

农产品品牌文化的建设，是农产品经营企业将现有文化资源进行挖掘、整理、突显的过程。农产品品牌文化的内涵可以从农产品所处的地理环境、历史、人文3个方面同时进行挖掘。地理因素具体表现在地理环境、土壤、气候、光照、湿度等生态条件方面。在梳理地理条件时，可从特征和优势来进行梳理。历史因素，如地理标志价值的形成，往往需要有关地理区域的生产者几十年、上百年甚至更长时间的努力和拼搏，是历史沉淀的产物，历史积淀下来的精华，具有无与伦比的竞争优势。像代表"功夫茶文化"的安溪铁观音，是乌龙茶中的极品名茶。安溪是铁观音茶的发源地，迄今有270年的历史。人文因素，区域农产品的生产、加工往往体现着当地居民的传统习惯，承载着当地居民的知识创造，从而形成有关农产品的传统生产方式和制作工艺，该产品往往具有物态符号。如"云南普洱茶"，它体现了云南民族文化中包容性、开放性和兼容性的特点，其特殊的制作工艺和皇家贡茶的历史光环及适应现代崇尚健康审美的时尚特色，赋予了普洱茶多元文化内涵和独特的文化韵味。人文因素还体现在组织的独特文化价值、独特的精神、独特的服务特色和服务理念、独特的历史文化传统、组织的独特能力、独特的消费信念、独特的价值理念等。作为农产品品牌创立阶段的重要内容，农产品经营企业应该努力将农产品品牌的文化内涵确定下来，以便在传播过程和品牌提升过程贯穿始终，使消费者对品牌文化的认知始终统一，便于消费者识别。

农产品品牌创立阶段品牌建设要素的特点。品牌建设各要素在品牌创立阶段也有其自身特点，这些特点主要体现如下。第一，质量满意度达到规划要求。因为这一阶段农产品品牌建设还处在起步阶段，品牌的质量标志、地理标志、种质标志可能还未注册成功。这个阶段是农产品品牌建设的关键时期，是消费者对品牌产品质量、定位、文化等质量要素的印象形成期，企业要精选优质产品投放市场。第二，价格竞争力处于弱势。这一时期企业管理成本、品牌推介成本都很高，而企业收益很小，这种情况下的价格竞争力将是较弱的。第三，品牌联想美誉度没有形成。这个时期农产品刚刚投放市场，品牌在消费者中还没有形成美誉度和联想度，企业应该踏踏实实地进行美誉度建设，逐步实现好的联想效果。第四，品牌知名度方面处于较低水平。刚刚开始的品牌推广，几乎是从零起步，消费者的提及知名度和未提及知名度都很低。

第三节　农产品区域品牌建设

一、农产品区域品牌的含义

采用区域公用品牌类型创建农产品品牌、发展区域产品销售，提高区域形象的成功例子较多，如美国艾达华土豆、中国台湾好米、日本神户牛肉、新西兰奇异果等。作为农产品品牌的一种重要类型，农产品区域品牌指的是特定区域内相关机构、企业、农户等所共有的，在生产地域范围、品种品质管理、品牌使用许可、品牌行销与传播等方面具有共同诉求与行动，使区域产品与区域形象共同发展的农产品品牌。

（一）区域品牌的要素构成

农产品区域品牌是市场对某区域中某类产品的认可，是众多同类企业行为的综合体现，它为一群生产经营该类产品的企业、机构、农户所共同拥有，消费者能通过该区域的名称联想到这类产品。它包含两个要素。

1. 区域性

一般限定在一个地区或一个城市内，带有强烈的地域特色，并为整个地区相关企业服务。

2. 品牌效应

往往代表一个地区产业产品的主体和形象。区域品牌是一定区域范围内社会、文化、经济中具有特色内容的总和，是区域信息的载体，是一张"区域名片"，是一个识别系统，是一种巨大的无形资产，由区域（地名）+产业（产品）名称构成，如库尔勒香梨。

（二）农产品区域品牌的特性

一般须建立在区域内独特自然资源或产业资源的基础上，借助区域内的农产品资源优势。

品牌权益不属于某个企业或集团、个人拥有，而为区域内相关机构、企业、农户等共同所有。

具有区域的表征性意义和价值。特定农产品区域公用品牌是特定区域代表，因此，经常被称之为一个区域的"金名片"，对其区域的形象、美誉度、旅游业等都起到积极的作用。

(三) 农产品区域品牌的要求条件

1. 资源条件

要拥有独特的自然资源及悠久的种植、养殖方式与加工工艺历史。

2. 生产过程

实行区域化布局、标准化生产、产业化经营和规范化管理。

3. 形象标识

以生产区域为名形成整体形象,产品通过国家地理标志认证。

4. 市场地位

产品质量领先,市场占有率、品牌知名度和消费者满意度居行业前列。

5. 品牌管理

品种品质管理、品牌使用许可、品牌行销与传播等要有共同诉求与行动。

二、农产品区域品牌发展策略

农产品区域品牌建设,有三大关键环节:一是要打造好,二是要保护好,三是要使用好。

(一) 打造好农产品区域品牌

打造好农产品区域品牌,就是在一个区域内,把品牌做出来,建立起来。为此,需要做好、做大。做好,就是用各种技术手段,把产品的品质做好。这是最根本的:有了优良产品,才可能做成名牌。首先,要种对作物。要根据当地的自然条件特点,种植最适宜的作物,最大限度地发挥出区域自然条件的比较优势。其次,选好品种。没有优质的品种,就没有优质的产品。好品种不仅靠选，也要培育。最后，做好管理。科学的管理，才能让好品种，在好条件下，产出好产品。

做大，就是要形成一定的规模，没有规模，品牌也难以建立。通过区域内部的专门化，形成区域的规模化，从而克服一家一户小生产与大市场之间的矛盾。在一个县域内，通常自然条件大体相近，包括光热、降雨、土壤、水质等。实行一县一品或一县几品，可以形成较大的区域生产专业化规模。例如，广西荔浦市砂糖橘种植面积达30万亩，广西恭城县月柿种植面积达20万亩。区域连片化种植规模较大，在生产技术普及扩散、产品质量规格标准化、市场销售渠道、产品加工处理和综合利用等方面，都可以取得很好的规模效益。做好品质，做大规模，品牌就可以建立起来了。

（二）保护好农产品区域品牌

保护好农产品区域品牌，就是要确保区域内的所有产品，都能够达到均一的高品质。当区域内存在着大小规模不等的、数量众多的生产者的时候，统一的规范化的技术规程要求就是十分重要的。这些技术规程，包括采用的具体品种、种植方式、施肥灌水、收获管理等。例如，黑龙江五常大米的生产地五常市，所种植的水稻品种高度统一，基本上都是稻花香。又如，广西百色市为保证杧果的成熟度，避免无序竞争过早上市，每年规定了最早采摘上市的时间。

对于区域内质量差的产品，要采取措施，禁止使用公用品牌。质量差的原因，可能是技术水平方面的问题，也可能是自然条件不合适。例如，在海拔高度差较大的地方，区域内有些地方，可能就不适合种植区域公用品牌产品。

在保护好公用品牌方面，还有来自区域外的挑战。这是一个矛盾：如果没有人愿意假冒你的品牌，那说明你的品牌没什么影响,没什么价值;而如果别人都竞相冒用你的品牌,那就说明你的品牌树立起来了,打响了名气,但假冒产品也会直接危害到你的品牌的声誉。比较复杂的是,并不是所有的假冒产品都是低质量的。由于地理标志的申请是按照行政区划,而行政区划外的临近地区,可能自然条件也同样很好,产品质量也很好,一点也不比区域内的差。在这种情况下,从促进资源利用和优质发展的角度出发,可以扩大地理标志的涵盖范围,把这些临近区域,也包括进来。百色杧果这个地理标志产品,就是采用了一个市级区域的名称,把所属4个县的杧果种植优势区,都涵盖了。

(三)使用好农产品区域品牌

使用好区域品牌,就是让品牌效应最大化,让品牌市场价值最大化。一方面,要让尽可能多的区域内生产者,都享受到区域公用品牌的好处,这就需要给农民提出质量要求,提供技术服务;另一方面,要宣传好品牌,让更多的消费者熟悉、认可和推崇区域公用品牌。调研中发现,有的地方,满足于产品不愁卖就成(收购商到地头收购),而不愿意在广告宣传等方面投入,让品牌取得更大的影响力。这就是没有让品牌效益实现最大化。

第八章　农产品品牌培育与扩张

第一节　农产品品牌培育

一、品牌质量管理

日本、德国等国家的企业为了提高其产品的竞争能力，特别注意产品质量管理。在这种情况下，质量管理不仅是生产组合的一部分，更是农产品经营企业品牌建设的一部分。

（一）产品质量的重要性

产品质量所代表的是产品表现其功效的能力，反映产品的实用性、耐用性、可靠性以及其他重要属性，从营销的观点看，质量应当以消费者的感觉来衡量，是竞争力的源泉。优良的质量对企业赢得信誉、树立形象、满足需要、占领市场和增加收益都具有决定性意义。随着市场经济的发展，我国各界都更加重视产品质量问题。1992年在全国范围内掀起打假热，中央电视台举办了"中国质量万里行"活动，把每年"3·15"定为消费者权益保护日等，这些不仅对保护消费者权益是十分有益的，而且可使企业增强质量意识。国家监督抽查是国家对产品质量进行监督检查的主要方式之一。产品质量国家监督抽查是由国务院产品质量监督部门依法组织有关省级质量技术监督部门和产品质量检验机构对生产、销售的产品，依据有关规定进行抽样、检验，并对抽查结果依法公告和处理的活动。国家监督抽查分为定期实施的国家监督抽查和不定期实施的国家监督专项抽查两种。定期实施的国家监督抽查每季度开展一次,国家监督专项抽查根据产品质量状况不定期组织开展。企业要真正地、长期地在市场上站住脚,必须有高质量的产品。国内外一切精明的、成功的企业家都毫无例外地重视自己产品的质量,并不断设法提高产品质量。保证产品质量,是企业长久获得信誉的根本保证,获得信誉才能获得稳定的市场份额。

(二) 产品质量信息的传播

产品质量包含两方面的含义:一是指相应的技术要求,即产品按规定履行功能的能力,即质量标准,如"三品一标"的认证;二是功能水平,即质量水平。

企业不仅要正确地建立产品质量标准和确定质量水平,而且还要把有关产品质量的信息准确、及时地传递给消费者,使消费者接受和认可,事实上,从营销上讲的产品质量是指企业提供一种比竞争者更能满足消费者需求和质量偏好的产品,它是以购买者的感觉来衡量的。

1. 质量信息的传播可借助人们习惯的信号和特征来实现

如利用产品质地和外形,美国一家割草机制造商特意把割草机设计成声音较大的,因为买主往往认为声音大的马力也大。

2. 质量信息传播通过营销组合的其他要素支持

如以高价格显示产品高质量,华贵的包装显示产品的高档次,分销渠道、广告宣传都可用来传播产品质量水平。但是,如果这些营销组合的要素运用不当,也会损害产品形象。如我国内地在 20 世纪 80 年代初生产的一种珍珠霜畅销于香港市场,但为时不久,厂家急功近利,滥用分销渠道和大量低价倾销,破坏了产品形象,断送了产品前途。

(三) 质量策略

企业除决定产品的最初质量外，随着市场形势的变化，还要管理好产品质量，做出必要的调整，对此有以下两种策略可供选择。

1. 不断提高产品质量，创名牌，保名牌

这种策略可持久地保持较高的市场占有率和投资收益率。国际市场上的名牌产品大多采用这种策略，把产品质量看作企业的生命线，万分珍惜产品的品牌形象，宁可牺牲眼前利益，也要确保质量始终优良，创出名牌，保持名牌。海尔集团生产的海尔冰箱被人们称之为"砸"出来的名牌，当年受命于危难之中的新厂长，在全厂职工大会上抡起大铁锤，砸向不合格的冰箱，在职工们"不要砸了，低价处理了吧！"的哀求中，厂长坚决地命令："全砸掉！不允许有一台不合格产品出厂！"这铿锵有力的话语成为全体员工的誓言，扎根在海尔人的心中，落实在全体员工的行动上，100%的开箱合格率使海尔冰箱成为消费者信得过的名牌产品。应当指出，"名牌"不等于"高档"，高、中、低档的产品，每个档次都可以有自己的优质产品和优质服务，也都可以有自己的名牌。

2. 保持产品质量不变

当产品质量已达到一定水平并受到顾客好评时，应努力保持原有质量稳定不变，除非发现重大缺陷或更好的机会。许多著名食品、饮料、药品都采用这种策略，如我国同仁堂的传统中药，数百年不变。

有些企业创出名牌之后，采取偷工减料的办法降低产品质量，或放松质量控制，粗制滥造、以次充好，一味追求产量，虽可获一时之利，但这样既损害了消费者利益，也损害了企业自身的声誉和形象，从长远看，是不可取的。

二、农产品促销

农产品促销是指农业生产经营者运用各种方式方法,传递产品信息,帮助与说服顾客购买本企业或本产地产品,或使顾客对该品牌产品产生好感和信任,以激发消费者的购买欲望,促进消费者的消费行为,从而有利于扩大农产品销售的一系列活动。

(一)农产品促销的类型

1. 人员促销

人员促销是指企业通过派出销售人员与消费者直接对话和沟通,传递产品或服务信息,促进和扩大销售的策略。人员促销采取主动出击的方法,把产品推向市场,能为消费者提供详细的说明,有利于树立企业形象,建立良好的信誉,对潜在的购买者进行面对面的说服工作。人员促销具有可选择性和灵活性,以及能传递复杂信息、能面对面洽谈和及时获得市场及消费者信息等特点。面对面的交往有利于发展与消费者的长期关系,通过探讨购买问题来促成交易的实现。人员推销的缺点是对推销人员自身的素质要求较高。

2. 广告促销

广告促销就是通过电视、广播、报纸、杂志和网络等各种广告媒介,将产品或服务信息传递给消费者的一种推销方式。广告是一种收费公告,通过特定的媒体传播商品或劳务信息,促进产品销售或服务。广告的对象是广大消费者,是一种大众传播手段,其目的在于促进销售,获取利润。农产品广告最多的是供求广告,主要以调节农产品总量余缺为目的,卖方寻找客户,买方寻找货源。供求广告的内容包括商品名称、数量、价格、交货地点和联系方式等。由于供求广告的内容简短,广告费用低,在各地被广泛采用,客户很容易根据广告提供的信息与买方达成交易。

使用广告促销有一些明显优势，其面对的受众多，宣传范围广，影响大，可以反复使用。广告促销的缺点是单向沟通，不能直接回答消费者提出的问题并对信息进行及时反馈。

3. 营业推广

营业推广是企业在一定时期内，采用特殊方式对顾客进行强烈刺激，以激发顾客强烈的购买欲望，促成迅速购买的一种促销方式。简单地讲，这是一种直接刺激消费者以求短期内达到效果的促销方法。

作为一种促销方式，营业推广与其他促销方式相比，最根本的特点是与日常销售活动紧密配合，产生"短、高、快"的销售效果。这种促销方式具有见效迅速、形式灵活的特点。

4. 公关促销

公关促销指企业为了实现自己的目标，在进行市场营销活动中，经常主动与社会公众保持双向的信息交流，采取一系列社会活动，扩大产品的知名度、建立消费者对品牌的偏好。在发生某些特大新闻事件时，在宣传媒体上刊登介绍性的文章或采取捐助、赞助等形式，争取社会公众的赞许和社会舆论的支持，以树立企业的良好形象，从而达到大大促进产品销售的目的。

公关策略的开展有助于提升企业形象，帮助企业化解危机，密切企业与社会的联系。其主要内容包括支持各项公益活动，主动与有关部门沟通，举办新闻发布会，印发文字、画册等宣传品，处理消费者意见，组织消费者、社会公众参观产品生产、研发，向他们介绍生产环境和产品对社会的贡献等。同时，还可以利用公关手段将名人促销、好奇促销、赞助促销、体育促销、教育促销等各种各样的促销活动结合起来，使它们共同发挥作用，以扩大影响，增加销售额。

5. 展览促销

展览促销就是利用各种展览会进行产品展览宣传，以达到扩大影响、提升农产品形象、增加销售的目的。各种农产品展销会大多是由行业组织在政府支持下举办的，适合农产品企业宣传、促销自己的农产品。在各种展览会上进行产品展示，能将实物产品直观形象地展示在消费者或采购团面前，给消费者以选择的实际感，所以它以"短、平、快"和集中影响的宣传促销效果吸引众多的厂家、商家和广大消费者。例如，山东寿光的"蔬菜博览会"，陕西杨凌农业高新科技成果博览会等每年都会吸引大批客商前往参观洽谈，通过各种推荐会、贸易订货会等，有力地提高了地方农产品的声誉和知名度，扩大了销售，提升了地方农产品的品牌形象，促进了地方农业和农村经济的发展。

(二) 农产品广告设计策略

1. "绿色"概念注入广告

20世纪80年代，美国等西方国家先后出现了以保护环境为目的的绿色组织。这些绿色组织在全世界传播绿色消费观念，掀起了一股世界性的绿色消费热潮，绿色广告就是这股热潮中的产物。绿色广告以绿色产品和绿色消费观念为推广主体，宣扬生态保护、资源节约、适度消费的绿色消费观，追求人与自然、经济、社会和谐发展的新型广告理念。

将"绿色"作为农产品广告的诉求点，通过展现农产品的绿色元素，不仅塑造产品的绿色无污染性，也能塑造出积极向上的企业形象，提高企业的美誉度和竞争力。绿色农产品广告的创意在于突出农产品的绿色要素，有效地消除消费者的一些顾虑，并产生试试的念头。

在广告的具体创作中，绿色信息不能是空洞和抽象的。有效的绿色农产品广告应着重强调产品某一具体的绿色特征，如产品"没有喷洒农药""绿色牧场放养"等。一般而言，绿色特征越具体，其说服力越强，广告的促销效果越好。

2. 文化包裹广告

在对农产品（企业）的广告宣传中渗透文化活动，以文化创新方式"嫁接"农产品（企业），赋予其勃勃生机。从表面来看，农产品的消费是生产者与购买者之间的矛盾，深层次是文化传统、文化观念及文化潮流等文化差异影响消费者的购买和消费行为。因此农产品的促销活动离不开文化背景。文化作为人类社会生活中建立起来的价值观念、道德观念、审美情趣和生活意义的综合有机体，强烈地影响着人们的社会生活和日常行为。

在农产品信息的传递过程中，农产品的产地、特色、营养成分、使用方法等常常被详细介绍，而农产品的历史、文化等被很多农产品生产经营者所忽视。在很多名特优农产品的背后都有一段特别的传奇和故事，作为生产经营者其实不仅在销售农产品本身，也是在销售和推广一种文化、一种理念和一种生活方式，因此农产品广告可以从文化诉求的角度进行信息传递，以吸引消费者的注意和购买。

3. 情感渗入广告

"大脑总是偏向于情感，而不是理智"，这是哈佛商学院杰格尔德教授的一项研究结果。农产品广告当中，必须要将产品融入消费者的情感当中。在农产品信息的传递过程中，将中国传统文化中的一些情感融入进去，以此作为诉求点，增加消费者的认同感。四川香浓米业的网站信息："最难得的是家人团聚，哪怕是一碗白米饭都有家的滋味！"这则广告恰到好处地挖掘了中国传统文化中家的感觉，而家的感觉、家人团聚都通过回家吃饭这个普通而平常的行为来体现，最后家的感觉归结到一碗白米饭。这则广告以平易朴实的亲情来吸引受众，从而增强了消费者对香浓米业的好感和记忆。

4. 幽默元素加入

幽默是寓庄重于谐趣之中的表现手法,造成诙谐幽默的效果,引起受众兴趣,并在此心态中认知广告意向的广告表现形式。幽默的表现手法则运用饶有风趣的情节,将某种需要延伸到漫画式的程度,造成一种充满情趣、引人发笑而又耐人寻味的意境。幽默由于符合现代人快节奏压力下寻求心理轻松和平衡的精神追求,而越来越广泛地引起受众注意和青睐。

5. 适度运用明星效应

目前,明星代言商品已经司空见惯。各式各样的产品都找明星来代言,借助于明星在大众心中特有的位置,树立企业品牌形象,达到扩大销售的目的。农产品广告中最常见的明星代言的产品就是化肥,如陈佩斯做的史丹利化肥、宋丹丹做的沃夫特复合肥。明星代言也讲究一定的规则,什么样的产品选择什么样的明星代言,要考虑产品的特性,以及产品的主要消费人群等各个方面。首先,要考虑明星的喜好人群与产品的目标受众是否吻合。其次,要考虑明星的内在气质与品牌的内在气质是否搭调。此外,明星的个人品质是否可靠,明星的代言费用是否在可承受范围之内也必须加以考虑。

三、价格调整技巧

产品在确定价格以后,由于经营环境不断发生变化,经常需要对价格进行调整。调整价格的主要原因有两种:一是市场供求环境发生了变化,企业认为有必要对自己产品的价格进行调整,即主动调价;二是竞争者的价格发生了变动,企业不得不做出相应的反应,以适应市场竞争的需要,即被动调价。

1. 降价的原因

一是经营者在采取加强促销、产品改进等手段都不能达到扩大销售的目的时考虑降价。

二是经营者面临激烈的价格竞争并且市场占有率正在下降时，为了增加竞争能力、维持和提高市场占有率，必须降价。

三是经营者为应对竞争者降价的压力，采取"反价格"战，即制定比竞争者的价格更有竞争力的价格。

四是经营者产品成本低于竞争者但在市场上并未处于支配地位时，也应该降价。通常降价可以提高经营者的市场占有率，再利用销量的增加和生产的扩大，进一步降低成本和提高市场占有率，形成良性循环。

五是在宏观经济不景气或行业需求不旺时，降低价格是经营者借以渡过难关的重要手段。

2. 降价的技巧

（1）"零头"降价技巧　即根据消费者的求廉心理，将产品的整数价格变为尾数价格的一种降价技巧。例如，将产品价格定为 0.98 元，而不定为 1 元；定位 98 元，而不定为 100 元等。

（2）弹性降价技巧　即根据购物的不同数量，确定不同降价幅度的一种降价技巧。例如，一次购物在 100 件以内，产品按原价出售；一次购物 100~500 件，按原价的 95% 出售，等等。产品的弹性降价技巧，一般也称产品的折扣定价技巧，它可促使购买者多购商品。

（3）自动降价技巧　例如，美国一家商店规定，店内出售的商品如 12 天后卖不掉，就自动降价 25% 出售；再过 6 天卖不出，就自动降价 50% 出售；再过 6 天卖不出，就自动降价 75% 出售；再过 6 天卖不出，就将商品送人或抛弃。该店这样做，开始时亏了本，但时间长了，受到了消费者的普遍欢迎。

（4）自行降价技巧　一些易腐变质、当天必须售完的商品，如蔬菜、瓜果、鲜鱼等，若上午未售完下午就应自行降价，若下午仍未售完商店即应及时处理。

(5) **赠送降价技巧** 企业为吸引消费者购买商品,一般采用以下3种赠送降价技巧。

① 搭配奉送,即顾客买一样东西,店方送一个小纪念品。

② 配套发奖,即顾客在店里买东西,可凭发票到指定地点领奖。奖品大都是一些实用的或有纪念意义的物品。

③ 减价优惠,即顾客买了东西后,可得到商店所发的优惠券,顾客凭券可在指定柜台买到低价的商品。

(6) **逆反降价技巧** 一般情况下,商品降价出售,总是由高到低,如100元降为90元。但有的企业在对商品进行降价时,却打出"100元可买110元商品"的广告。这种降价技巧,从表面上看,与"100元商品卖90元"没有什么差别,但仔细一想则不然。

折扣的大小不同。"100元商品卖90元",折扣价为商品价格的90%;"100元买110元品",折扣价为商品价格的90.91%。二者相差0.91%,即后者的折扣比前者略低,企业可增加约1%的利润。

消费者的心理反应不同。"100元商品卖90元",消费者的直觉反应是削价求售,而"100元买110元商品",即使消费者产生了货币价值提高的心理反应,也产生了"与商品降价无直接关系"的错觉。

实现的销售收入不同。在销售情况大致相同的情况下,"100元商品卖90元",一次实现的销售收入为90元;"100元买110元商品",一次实现的销售收入为100元。显然,后者比前者高出10元。

(7) **部分降价技巧** 为吸引消费者购买,可在企业出售的商品中挑选具有代表性的一两种商品进行降价,或者降低消费者敏感性较强的商品的价格。这样，既可直接吸引顾客前来购物，还可起到让顾客在购买降价商品的同时，也购买其他非降价商品的作用。

（8）**全面降价技巧** 1987年，杭州市解放路百货商店在报纸和电视台登出一则广告："凡本店出售的商品，其价格一律低于杭州市同类商店。如果有顾客买到的商品价格高于本市同类商店，均可持货物和单据到本店领取高出部分的差价。"在这里，该店就是采用了全面降价（低价）的技巧。从表面来看，商店似乎减少了利润，其实并非如此。该店采用此法后，前来购物的人日渐增加，当月销售量就比上年同期上升45.7%，资金周转加快10.36天，利润增长4.88%。

3. 提价的原因

一是成本增加对盈利影响很大，需要提高价格。任何农产品定价都离不开成本，如果脱离成本空谈定价，那农产品经营企业的盈利将难以保证。所以，成本增加，产品的价格应该相应提高；否则，该产品就应该逐渐退出市场。

二是经营者的产品供不应求，无法满足所有消费者的需要，通过提价可将产品卖给需求度最大的消费者，不但平衡了需求，而且也增加了利润。

三是农产品提价和天气的关系。例如，天冷了蔬菜生长缓慢，产量小了。

4. 提价的技巧

（1）**提价的幅度要适宜** 产品提价的幅度不宜过大，一般应控制在这样的水平上：一是不宜高于企业生产经营费用增加的幅度；二是不宜高于同类产品企业提价的幅度。

（2）**提价的形式要灵活** 可对产品直接提价，如从2元直接提到2.2元；可对产品间接提价，如改变结算方法、减少折扣，也可对产品搭配提价,如一种产品提价,可与另一种产品降价相配合。

(3) 提价的手法要巧妙　有些产品可通过改变其形状、材质、包装等手法提价,使用户易于接受。有些产品可通过增添附加物或增加服务项目,或赠送礼品等方法提价,使用户感到实惠。

(4) 选择好提价的时机　对产品性能改进等造成的技术性提价,应在用户需求量最迫切、反感程度较小的时候提价。

(5) 控制提价的次数　产品提价要尽可能一步到位,不宜分步到位。在一定的时间内(如一年),企业产品提价的次数不宜多于一次,否则容易遭到消费者的抵制。

(6) 提价后要进行情况跟踪　产品提价后,企业营销部门,要对用户进行跟踪调查。调查的内容主要有以下两点。第一,用户对产品提价的承受能力。这种能力可称为产品提价的适宜程度。第二,消费需求的转移情况。一种产品提价,往往会使该种产品的相关产品或代用品的销量增加,如肥皂提价会使洗衣粉销量上升。由此可反映出该产品提价与相关产品或代用品价格之间的关系,从中分析产品提价的合理性。

(7) 提价的回落要慎重　随着企业外部环境的改变和内部条件的改善,产品提价后,企业还要适时考虑价格的回落,设法将提高的价格再降下来。要回落价格,就要做好两项工作。一是挖潜。企业只有通过挖潜,大搞技术革新,提高劳动生产率,才能减少消耗,降低成本,使价格回落建立在可靠的基础上。二是慎重。国家定价的产品,其价格也不宜大起大落,否则会损害企业的形象。

农产品品牌建设的培育阶段是品牌建设的实质性阶段。品牌培育阶段是在规划、创立等基础工作完成以后,相对单纯的品牌要素建设工作，同时也是农产品品牌建设时间最长、影响最广、难度最大的阶段。说其相对单纯，是因为除本阶段之外的其他阶段除培育品牌建设要素之外，还需要伴随程序性任务。例如，在品牌规划阶段，虽然品牌建设要素是主要规划的内容，但产品选择、环境分析等一系列的程序性工作都需要完成；在创立阶段也有品牌注册、产品投放市场等程序性工作需要完成；在最后的扩张阶段也有品牌延伸、品牌国际化等更高层次的任务需要完成，唯独在品牌培育阶段，其工作内容只有品牌要素的建设，基本不需要伴随其他程序性任务。这一时期的品牌建设要素特点表现在以下4个方面。第一，质量满意度开始形成。农产品的质量标志、地理标志、种质标志注册逐渐完成，消费者选择的依据更加清楚，农产品质量的保障措施趋于完善，农产品品牌总体水平趋于稳定。第二，价格竞争力增强。企业已经有一定的资金实力、消费者对品牌定位已经形成信赖，可以开展一定的竞争导向定价策略。第三，品牌联想美誉度逐步建立。已经具备一定的联想美誉度，且联想美誉度的水平逐步上升。第四，品牌知名度有了一定的基础。随着品牌建设过程的不断深入和品牌传播时间越来越长，品牌知名度也越来越高。

第二节　农产品品牌扩张

一、农产品品牌保护

美国著名的广告研究专家莱瑞·赖特（Larry Light）曾经非常经典地指出："拥有市场比拥有工厂更为重要，而拥有市场的唯一办法就是拥有占有统治地位的品牌。"这句经典名言中"拥有"的含义既有获得，还有保护。农产品品牌的规划、创立和培育阶段是农产品品牌的获得过程。在获得品牌后，只有做好品牌的保护工作，才能真正拥有品牌。当农产品经营企业的品牌有了一定的知名度，特别是当农产品品牌成为名牌以后，怎样有效地对企业的品牌加以保护，无疑是每一个拥有农产品名牌的企业所面临的艰巨的任务。品牌保护是对品牌的名称、标志、图案及其体现品牌个性的所有标志性要素进行保护的过程。

农产品品牌保护可以通过以下措施来实现。第一，保护农产品注册品牌名称与标志。可以通过多注册一些与本企业推广的品牌名称与品牌标志相同或相近的品牌名称标志，使得其他人不能注册与本企业相同或相近的商标。第二，保护品牌注册的农产品范围。多注册一些产品种类，为以后本企业的品牌延伸提供空间。第三，保护品牌注册的领域。在尽可能广泛的区域内进行注册，甚至可以提前到国外进行品牌注册。第四，实施驰名商标的保护。因为，按照国际惯例和我国法律，驰名商标的保护不仅限于相近种类的产品，还保护相近产品以外的产品。第五，实施商标和品牌质量认证双保险的品牌保护。广义农产品品牌包含农产品质量标志，农产品质量认证标志的标签是政府或授权机构控制的，认证标志受政府的监督，假冒者获得认证标签的难度较大、成本较高。第六，慎重使用品牌许可策略的保护。品牌许可经营要慎重，避免因许可、授权经营造成品牌使用的泛滥。第七，还要注意品牌产品的营销渠道管理，注重打击假冒品牌等损害企业品牌形象和利益的行为，第八，珍惜品牌形象，保持产品质量。当产品销路好的时候，要居安思危，未雨绸缪，注重新产品的开发。还有的经营者认为产品销路不错，就开始缺斤少两，偷工减料，产品质量下降，导致消费者转而选择其他替代产品，错失市场机会。

二、农产品品牌延伸

品牌延伸是指农产品经营企业采用现有成功的品牌,将它应用到新产品经营的全过程,农产品经营企业在激烈的市场竞争中,持续地推出新产品是赢得竞争优势的根本途径;把原有品牌资产发扬光大则是事半功倍的谋略。我国的农产品经营企业虽然在品牌运作方面整体起步较晚,但也有一些品牌已经步入稳定发展阶段,有必要也有条件和能力实施品牌延伸策略。

(一) 农产品品牌延伸策略的特殊意义

对农产品经营企业来说,应用品牌延伸策略有许多积极意义。主要表现在如下 4 个方面。

1. 品牌延伸有利于新产品快速进入市场

利用原有成功品牌的知名度,可以迅速提高消费者对新产品的认知率,减少新产品推出的费用;同时,可以加快新产品的定位,保证新产品投资决策的快捷准确,从而推动新产品及时进入市场。

尽可能缩短新产品进入市场的时间,对企业来说尤为重要。品牌延伸就是"搭乘品牌列车""借船出海",使该产品快速得到消费者的认同、接受并产生品牌联想,促进新产品快速进入市场。对消费者来讲,一旦认同某品牌,认为其具有较高的社会信誉、较强的亲和力,便很容易将这种亲和力、忠诚度"复制"和"转移"到该品牌的新产品上,产生"爱屋及乌"效应,同时消除消费者对新产品的排斥、生疏和疑虑心理,以最短时间接受新产品。

2. 满足消费者不同需求

品牌延伸给现有的品牌带来新鲜感和活力,拓展了经营领域,满足了消费者的不同需求,形成优势互补,给消费者提供更多的选择。一般消费者对品牌的忠诚度是有限的，通常消费者对其他同类型的知名品牌都有试一试的心态。要防止消费者的品牌转移，就要研究消费者在该领域的不同需要。

3. 有利于品牌价值最大化

成功的品牌是企业巨大的无形资产，是企业经过多年奋斗的回报。在珍惜、保护名牌的前提下，充分利用这笔资产为企业谋取利益是每个企业的心愿。恰当的品牌延伸可以尽量减少品牌价值的浪费、闲置和损失，为新产品争取到更多的货架面积，容易获得经销商的认可，增加零售商对生产商的依赖，在销售领域为农产品经营企业赢得竞争优势。

同一品牌的新产品，可为原有的品牌带来新鲜感和成长感，使品牌所蕴含的意义更加规范、丰富，也使消费者对产品的选择更加完整，有利于扩大市场占有率，如可口可乐公司在"可口可乐"基础上推出了"健怡可口可乐""零度可口可乐""樱桃味可口可乐"等系列产品，为可口可乐家族注入了新的活力，极大地丰富了消费者的选择。统一集团在统一绿茶、冰红茶基础上又推出了全新的茶饮料"小茗同学"，得到了消费者的青睐。

品牌延伸到新产品后，新产品如果得到消费者的认可和接受，必将强化消费者对原有产品的认同感，提高企业产品市场占有率。这样同一品牌下的不同产品相互声援，有助于塑造企业品牌的整体形象，从而获得更大的经济效益，实现品牌价值最大化。

4. 有利于企业开展多元化业务，分散经营风险

农产品经营企业由原来单一的产品结构、单一的经营领域，向多种产品结构、多种产品经营领域发展，有利于分散企业经营的风险。一方面，巨大的品牌效应可以使新产品一投放市场就抢占较大的市场份额，反过来又促使企业规模化生产，从而降低企

业的生产成本，取得价格优势，这又会进一步扩大市场规模，使企业发展步入良性循环；另一方面，拥有名牌的企业不仅可以使用自身的力量实现品牌延伸，而且可以通过向没有名牌的企业输出品牌，实现名牌延伸，迅速达到企业实现多元化经营的战略目标。

（二）农产品品牌延伸的基本策略

1. 向上延伸

这种策略是指农产品经营企业以低档或中档产品进入市场，之后渐次增加中档或高档产品，这种策略有利于产品以较低的价格进入市场，市场阻碍相对较小，对竞争者的打击也较大。一旦占领部分市场，就向中、高档产品延伸，获得较高的销售增长率和利润率，并逐渐提升企业产品的高档次形象。例如，"好想你"枣片在原来普通包装的基础上推出礼品装（精装或者豪华包装等）。

向上延伸策略会使企业面临一定风险：一是顾客可能对企业生产经营高档产品的能力缺乏信任；二是高档产品可能促使原生产高档产品的竞争者采取向下延伸策略，从而对本企业原低档产品形成竞争压力。

2. 向下延伸

这种策略与向上延伸策略正好相反，是指农产品经营企业以高档产品进入市场后逐渐增加一些较低档的产品，此策略有利于公司或产品树立高档次的品牌形象，而适时发展中、低档产品，又可以躲避高档产品市场的竞争威胁，填补自身中、低档产品的空缺，为新竞争者的出现设置障碍，并以低档、低价吸引更多的消费者，提高市场占有率。这种策略的优点是有利于占领低端市场，扩大市场占有率；缺点是容易损害核心品牌形象，分散核心品牌的销售量，甚至在核心品牌的消费群中留下负面印象，同时

第八章 农产品品牌培育与扩张

迫使竞争对手转向高档产品和新产品的开发,对本企业高档产品形成竞争压力。

3. 双向延伸

这种策略是指生产中档产品的农产品经营企业,向高档和低档两个方向延伸。有利于形成企业的市场领导者地位,而且由中档市场切入,为品牌的未来发展提供了双向的选择余地,例如,"好想你"枣片在原来普通包装的基础上推出礼品装(精装或者豪华包装等)的同时也推出更为简单包装的枣片,这种策略的优点是有助于更大限度地满足不同层次消费者的需求,扩大市场份额;缺点是如果企业盲目地双向延伸,使得有限的资源不足以支持高、中、低档产品系列,则会顾此失彼,在竞争中处于被动地位。

4. 单一品牌延伸策略

这种策略是指农产品经营企业在进行品牌延伸时,无论纵向延伸还是横向延伸都采用相同的品牌,品牌名称、商标、标识等品牌要素都不改变。这种做法的好处就是让品牌价值最大化,充分发挥名牌的带动作用,相对节省品牌推广费用,快速占领市场;局限性是有些产品不一定适合这个品牌,致命的缺点就是一旦某一产品出了问题便会连累其他产品,损害整个品牌形象,造成一损俱损的后果。

5. 主副品牌策略

这种策略是以一个主品牌涵盖农产品经营企业的系列产品,同时给各产品打一个副品牌,以副品牌来突出不同产品的个性形象,如"康师傅-老火靓汤""农夫山泉-东方树叶"等。主副品牌策略利用"成名品牌+专用副品牌"的品牌延伸策略,借助顾客对主品牌的好感、偏好,通过情感迁移,使顾客快速认可和喜欢新产品,达到"一石二鸟"的效果,如此,达到了"既借原品牌之势,又避免连累原品牌"的效果,可谓左右逢源。需注意的是,副品牌只是主品牌的有效补充,副品牌仅仅处于从属地位,副品牌的宣传必须要依附于主品牌,而不能超越主品牌。

6. 亲族品牌延伸策略

所谓亲族品牌策略,是指农产品经营企业的各项产品市场占有率虽然相对较稳定,但是产品品类差别较大或是跨行业,原有品牌定位及属性不宜做延伸时,企业往往把经营的产品按类别、属性分为几个大的类别,然后冠之以几个统一的品牌。例如,中国粮油食品进出口总公司在罐头类产品上使用"梅林"商标,在调味品上使用"红梅"商标,在酒类商品上则使用"长城"商标。

亲族品牌策略既避免了使用统一品牌而带来的品牌属性及概念的模糊,又避免了多品牌策略带来的品牌过多、营销及传播费用无法整合的缺点。亲族品牌策略无明显的劣势,但是相对统一品牌策略而言,如果目标市场利润低,企业营销成本又高,亲族品牌策略营销传播费用分散,则无法起到整合的效果。因此,如果企业要实施亲族品牌策略,应考虑行业差别较大,现有品牌不宜延伸的领域。

(三) 农产品品牌延伸的弊端

品牌延伸虽然好处很多,但也不是万灵丹药,也存在着一定的局限性和弊端。

1. 可能损害原有品牌形象

当某一类产品在市场上取得领导地位后,这一品牌就成为强势品牌,它在消费者心目中就有了特殊的形象定位,甚至成为该类产品的代名词。将这一强势品牌进行延伸后,由于近因效应(即最近的印象对人们的认知影响具有较为深刻的作用)的存在,就有可能对强势品牌的形象起到巩固或减弱的作用,如果运用不当的品牌延伸,原有强势品牌所代表的形象信息就被弱化。

2. 有悖消费心理

一个品牌取得成功的过程,就是消费者对企业所制造的这一品牌的特定功用、质量等特性产生特定的心理定位的过程。企业把强势品牌延伸到和原市场不相容或者毫不相干的产品上时,就有悖消费者的心理定位。

3. 容易造成品牌认知模糊

当一个名称代表两种甚至更多的有差异的产品时,必然会导致消费者对产品的认知模糊化。当延伸品牌的产品在市场竞争中处于绝对优势时,消费者就会把原强势品牌的心理定位转移到延伸品牌上。这样一来,就在无形中削弱了原强势品牌的优势。

4. 容易产生株连效应

将强势品牌名冠于别的产品上,如果不同产品在质量档次上相差悬殊,就会使原强势品牌产品和延伸品牌产品产生冲突,不仅损害了延伸品牌产品,还会株连原强势品牌。

5. 淡化品牌特性

一个品牌在市场上取得成功后,在消费者心目中就有了特殊的形象定位,消费者的注意力也集中到该产品的功用、质量等特性上。如果企业用同一品牌推出功用、质量相差无几的同类产品,使消费者在选择时晕头转向,该品牌特性就会被淡化。

6. 产生跷跷板效应

当延伸品牌的产品在市场竞争中处于绝对优势时,消费者就会把原强势品牌的心理定位转移到延伸品牌上,这样无形中就削弱了原强势品牌的优势。如美国的"Heinz"腌菜原先是市场的主导品牌,而当企业把"Heinz"番茄酱做成市场领导产品后,"Heinz"在腌菜市场的头号地位却被另一品牌"Vlasic"所替代,由此产生了此涨彼消的跷跷板效应。

(四) 农产品品牌延伸应注意的问题

1. 延伸产品必须符合现有品牌农产品的质量标志特征

如果某农产品经营企业一直经营绿色农产品,其品牌质量特征早已被消费者熟知是绿色食品的品牌,一旦该公司利用原有品牌经营其他农产品,势必造成消费者对品牌的认知产生混乱,品牌特征开始模糊,结果很可能是新产品、老品牌"车毁人亡"。

2. 延伸产品必须符合农业企业的长远战略

品牌延伸的目的是壮大公司实力,实现更加快速的发展。但是一项不符合公司长远战略的暂时盈利的延伸产品项目,有可能使公司的发展计划遭到破坏,使企业迷失方向。如原本是生产牛奶和牛奶制品的企业,突然看到市面上白菜利润较高,就利用原来牛奶的品牌经营白菜,就会使自身的企业战略计划变混乱。同时,会严重损伤消费者对现有品牌的认知。

3. 农产品品牌延伸一定要符合消费者文化认知

消费者是品牌延伸的真正评判者,超出消费者认同的任何品牌延伸都将失败。例如,一个成功的饲料品牌突然延伸到熟肉制品,消费者无论如何对于动物与自己享用一个品牌都不会接受,无论饲料品牌名气再大,其熟肉制品质量再好,品牌延伸都很难成功。

4. 注意延伸产品要符合公司的资源优势

例如,市场上樱桃价格较高,但本地并不生产樱桃,农业企业偏要到外地购入或移植栽培樱桃进行经营,这就会造成养护成本增加,且水果品质难以保证,最终可能导致失败。

三、农产品品牌连锁经营

农产品品牌连锁经营是农产品经营企业借助品牌的力量,采取特许、授权或设立分支机构等方式进行连锁经营的一种农产品经营模式。农产品消费者的广泛性决定了农产品经营范围的广泛性,强势品牌的建设离不开在广泛区域上的连锁经营,连锁经营是农产品品牌推广的主要途径之一。同时,农产品的连锁经营也离不开品牌,品牌是连锁经营生存的核心工具。从国际农产品连锁经营的经验来看,品牌农产品的连锁经营模式主要有4种,即品牌资源加盟连锁、品牌委托加盟连锁、品牌特许加盟连锁、品牌直营店。农产品具有质量隐蔽性特点,使得农产品在品牌连锁经营的形式上与一般工业品有所不同。其中,品牌资源加盟连锁的模式就不太适合农产品品牌的连锁经营,原因是独立农产品进货的加盟店的农产品质量控制难度大,加盟店的行为很容易损害品牌形象。

四、农产品品牌国际化

农产品品牌发展到一定阶段也必须通过国际化巩固市场地位,扩大影响。如何进行农产品品牌的国际化是当前农产品品牌建设领域的新课题。品牌国际化是向全球统一提供优质的、被消费者认为具有很高价值的产品的行为。农产品品牌国际化是一个隐含时间与空间的动态营销和农产品品牌输出的过程,是一个农产品经营企业将农产品品牌推向国际市场并期望实现国际市场广泛认可和农产品品牌扩张的过程。首先,农产品品牌国际化是一个长时间的品牌建设、推广过程,任何一个农产品品牌都不可能一蹴而就,如雀巢咖啡等农产品品牌国际化用了几十年甚至上百年的时间。其次,农产品品牌国际化是一个企业赢得国际市场的过程,并不是一个品牌只要出国经营就是国际化了,农产品品牌国际化是指这个品牌在国际市场上取得竞争优势,在同行业中获得广泛认可,有足够顾客忠诚度的农产品品牌。最后,农产品品牌国际化是国家农业品牌的重要内容。例如,泰国大米品牌形象好,是因为泰国大米的大部分产品都有比较好的产品质量和品牌推广策略等。一旦这样一个国家品牌的形象形成,就长期影响着消费者的选择。

(一)农产品品牌国际化进程中应注意的问题

1. 入乡随俗

农产品要符合目标国家的食用习惯,因为农产品的食用性强,多数农产品都是食用农产品,而国家和地区间文化差异比较大,不符合当地食用习惯的产品难以在目标国形成品牌优势。

2. 坚持品牌定位和品牌文化

品牌定位是品牌的根本,品牌定位如果改变,品牌属性就不能传承,品牌则难以维系。品牌文化如果改变,品牌彰显的文化诉求就会混乱,原有认可品牌文化的消费者也会流失,品牌个性就会模糊,品牌价值就会受损。

3. 适当按照目标市场国家的生活习惯调整产品结构

虽然品牌定位和品牌文化不能改变,但品牌产品的结构和种类可以按照目标市场国家的特点予以调整,也就是品牌建设所说的"形变神不变"。东西方国家消费者的饮食结构各不相同,每个国家消费者食品消费习惯也各不相同,所以企业要在产品组合上多考虑目标市场国家消费者的特点,因人而变,因情而变。

4. 不可急于求成

农产品品牌建设应该采取先易后难、步步为营的品牌国际化策略。农产品品牌国际化是农产品品牌经营发展到一定规模后的必然选择。在品牌建设相对成熟,国内消费者普遍认可的情况下,或者已经成长为全国名牌的农产品品牌,才应该根据自身品牌战略的安排,进行品牌国际化扩张,在没有练好内功的情况下,不要考虑进行农产品品牌国际化。

(二)农产品品牌国际化的途径

农产品品牌国际化的途径选择可以分为农产品市场进入路径

选择、农产品品牌发展路径选择两个方面，其中农产品市场进入路径选择形式主要有先发达国家后欠发达国家、先欠发达国家后发达国家和中间路线3种形式。而农产品品牌发展路径的选择主要也有3种形式：自有品牌直接出口；借国外品牌加工出口，具备实力后推广自己的品牌；购买出口国的品牌直接出口。一般情况下，农产品经营企业规模小的时候先借国外品牌生产，实力强后建设自主品牌，这一过程越快越好，不要指望长期使用国外品牌。当企业具备一定的规模后，仍需在国际市场上建设自己的品牌。

农产品品牌建设扩张阶段品牌要素的特点。当农产品品牌建设进入品牌扩张阶段后，农产品品牌已经成为区域名牌或全国名牌，这一时期品牌建设的特点主要体现在如下4点。第一，品牌质量满意度已经稳定。品牌农产品的质量已经在消费者心目中形成固定形象，质量满意度已经维持在一个较高的水平上。第二，产品价格已经在消费者心里形成固定模式，在同类产品中的竞争优势已经形成。第三，品牌联想美誉度已经稳定。消费者看到该品牌就能够形成正面联想，相信这个品牌的农产品是值得信赖的农产品。第四，品牌知名度已经达到较高水平。品牌的未提及知名度和提及知名度都达到一个较高的水平。

参考文献

陈淑，徐东森，姚光宝，2020. 农产品品牌建设［M］. 济南：济南出版社.

胡军珠，2018. 农产品营销［M］. 北京：中国农业出版社.

李宏英，2020. 农产品品牌策划与管理［M］. 北京：中国原子能出版社.

林依倨，雷凤燕，2016. 农产品营销［M］. 成都：西南交通大学出版社.

马耀宗，邵凤成，李文宏，2018. 农产品营销知识读本［M］. 北京：中国农业科学技术出版社.

王春霞，左利，王金凤，2021. 农产品营销与农业品牌化建设［M］. 北京：中国农业科学技术出版社.

杨国，高传光，丁立群，2016. 农产品市场营销策略［M］. 北京：中国农业科学技术出版社.

张国庆，刘龙青，张月莉，2017. 农产品市场营销［M］. 北京：中国林业出版社.